"十四五"职业教育国家规划教材

"十二五"职业教育国家规划教材
经全国职业教育教材审定委员会审定

汽车制造工艺基础

第 3 版

主　编　谢永东
参　编　陈宝珍　朱艮生　朱庄洪

机械工业出版社

本书被评为"十四五"职业教育国家规划教材,是"十二五"职业教育国家规划教材修订版丛书之一,是根据教育部最新颁布的《职业教育专业简介》,同时参考汽车制造与装配相关职业资格标准编写的。本书主要介绍与汽车制造四大工艺相关的基础知识和岗位操作技能,内容包括汽车制造装备、车身冲压、白车身焊接、车身涂装和汽车总装。本书编写力求与企业实际岗位对接,以培养学生综合职业能力为核心,突出实用性和时代性。

本书可作为高等职业院校汽车制造与装配专业教材,也可作为汽车制造企业培训一线员工岗位培训教材。

为便于教学,本书配套有电子课件等教学资源,选择本书作为教材的教师可登录 www.cmpedu.cn 网站,注册后免费下载。

图书在版编目(CIP)数据

汽车制造工艺基础/谢永东主编. —3 版(修订本). —北京:机械工业出版社,2020.5(2025.2重印)
"十二五"职业教育国家规划教材
ISBN 978-7-111-65172-7

Ⅰ.①汽… Ⅱ.①谢… Ⅲ.①汽车-生产工艺-高等职业教育-教材 Ⅳ.①U466

中国版本图书馆 CIP 数据核字(2020)第 051630 号

机械工业出版社(北京市百万庄大街22号 邮政编码100037)
策划编辑:曹新宇 责任编辑:曹新宇 谢熠萌
责任校对:肖 琳 封面设计:马精明
责任印制:常天培
固安县铭成印刷有限公司印刷
2025年2月第3版第17次印刷
184mm×260mm・9.75 印张・239 千字
标准书号:ISBN 978-7-111-65172-7
定价:45.00元

电话服务　　　　　　　　网络服务
客服电话:010-88361066　　机　工　官　网:www.cmpbook.com
　　　　　010-88379833　　机　工　官　博:weibo.com/cmp1952
　　　　　010-68326294　　金　书　网:www.golden-book.com
封底无防伪标均为盗版　　　机工教育服务网:www.cmpedu.com

关于"十四五"职业教育
国家规划教材的出版说明

为贯彻落实《中共中央关于认真学习宣传贯彻党的二十大精神的决定》《习近平新时代中国特色社会主义思想进课程教材指南》《职业院校教材管理办法》等文件精神，机械工业出版社与教材编写团队一道，认真执行思政内容进教材、进课堂、进头脑要求，尊重教育规律，遵循学科特点，对教材内容进行了更新，着力落实以下要求：

1. 提升教材铸魂育人功能，培育、践行社会主义核心价值观，教育引导学生树立共产主义远大理想和中国特色社会主义共同理想，坚定"四个自信"，厚植爱国主义情怀，把爱国情、强国志、报国行自觉融入建设社会主义现代化强国、实现中华民族伟大复兴的奋斗之中。同时，弘扬中华优秀传统文化，深入开展宪法法治教育。

2. 注重科学思维方法训练和科学伦理教育，培养学生探索未知、追求真理、勇攀科学高峰的责任感和使命感；强化学生工程伦理教育，培养学生精益求精的大国工匠精神，激发学生科技报国的家国情怀和使命担当。加快构建中国特色哲学社会科学学科体系、学术体系、话语体系。帮助学生了解相关专业和行业领域的国家战略、法律法规和相关政策，引导学生深入社会实践、关注现实问题，培育学生经世济民、诚信服务、德法兼修的职业素养。

3. 教育引导学生深刻理解并自觉实践各行业的职业精神、职业规范，增强职业责任感，培养遵纪守法、爱岗敬业、无私奉献、诚实守信、公道办事、开拓创新的职业品格和行为习惯。

在此基础上，及时更新教材知识内容，体现产业发展的新技术、新工艺、新规范、新标准。加强教材数字化建设，丰富配套资源，形成可听、可视、可练、可互动的融媒体教材。

教材建设需要各方的共同努力，也欢迎相关教材使用院校的师生及时反馈意见和建议，我们将认真组织力量进行研究，在后续重印及再版时吸纳改进，不断推动高质量教材出版。

机械工业出版社

第 3 版前言

本书被评为"十四五"职业教育国家规划教材,是"十二五"职业教育国家规划教材修订版丛书之一,是根据教育部最新颁布的《职业教育专业简介》,同时参考汽车制造与装配职业资格标准,在第 2 版的基础上修订而成的。

本书主要介绍汽车制造的车身冲压、白车身焊接、车身涂装和汽车总装四大工艺相关基础知识和岗位操作技能,本次修订主要对四大工艺的质量检验标准和流程进行了充实。本书编写过程中力求体现以综合职业能力的培养为中心,理论部分以"必需、够用"为原则,实操部分突出实用性和时代性,与企业生产实际对接,按照工厂生产流程组织编写。本书编写模式新颖,能方便学生学习,采用了大量彩色图片激发学生学习兴趣。

本书在内容处理上主要有以下几点说明:①在教学过程中,建议学生边学习本书内容边去相关企业见习;②本书总课时为 32 课时,建议每周安排 2 课时。

全书共五章。苏州建设交通高等职业技术学校谢永东任本书的主编,并负责编写了第一、二、三章;仪征技师学院陈宝珍编写了第四章;苏州建设交通高等职业技术学校朱艮生编写了第五章。上汽大众汽车有限公司南京分公司朱庄洪也参与了本书的编写工作。

在本次修订过程中,编者参阅了国内外出版的有关教材和资料,得到了上汽大众现场工程师的指导,在此一并表示衷心感谢!

由于编者水平有限,书中不妥之处在所难免,恳请读者批评指正。

编 者

第2版前言

本书是按照教育部《关于开展"十二五"职业教育国家规划教材选题立项工作的通知》，经过出版社初评、申报，由教育部专家组评审确定的"十二五"职业教育国家规划教材，是根据《教育部关于"十二五"职业教育教材建设的若干意见》及教育部颁布的《高等职业学校专业教学标准（试行）》，同时参考汽车制造与装配职业资格标准在第1版的基础上修订而成的。

本书主要介绍汽车制造的车身冲压、白车身焊接、车身涂装和汽车总装四大工艺相关基础知识和岗位操作技能。本书编写中，力求体现以综合职业能力的培养为核心，理论部分以"必需，够用"为原则，实践操作部分突出实用性和时代性，实现与企业实际接轨，符合企业的操作流程。本书编写模式新颖，能方便学生学习，采用了大量新颖图片激发学生的学习兴趣，课程总体按照工厂流程进行安排。

本书在内容处理上主要有以下几点说明：①在教学过程中，建议学生边学习本教材内容边去相关企业见习；②本教材总课时为32课时，建议每周安排2课时。

全书共五章。苏州建设交通高等职业技术学校谢永东任本书的主编，并负责第一、二、三章的编写以及全书的统稿，仪征技师学院陈宝珍编写第四章，苏州建设交通高等职业技术学校朱艮生编写第五章。苏州高等职业技术学校冯学敦与江苏省如皋中等专业学校石优兵也参与了本书的编写工作。本书经全国职业教育教材审定委员会审定，由江苏大学葛如海教授主审。教育部专家在评审过程中对本书提出了很多宝贵意见，在此对他们表示衷心的感谢。另外，特别感谢上汽大众汽车有限公司南京分公司朱庄洪对本书编写的大力支持。

本书的修订过程中，编者参阅了国内外出版的有关教材和资料，得到了上汽大众现场工程师的指导，在此一并表示衷心感谢！

由于编者水平有限，书中不妥之处在所难免，恳请读者批评指正。

编　者

第1版前言

　　一辆汽车的诞生必须经过系统而复杂的生产工艺过程。

　　汽车的车身等主要部件在汽车工厂进行生产，发动机、底盘和电气设备等零部件和总成在协作工厂进行生产。因而一般汽车整车制造企业主要是完成车身冲压、车身焊接和车身涂装，并把采购回来的发动机、底盘和电气设备等零部件与自行生产的车身进行总装，最终形成一辆汽车。

　　车身冲压工艺、车身焊接工艺、车身涂装工艺和总装工艺就是我们常讲的汽车制造四大工艺。本书共分五章，主要介绍了汽车制造装备、车身冲压、白车身焊接、车身涂装和汽车总装相关基础知识和岗位操作技能。

　　本书由江苏省仪征汽车工程学校谢永东担任主编，江苏省仪征汽车工程学校陈宝珍和朱艮生、江苏省苏州职业教育中心冯学敦、江苏省如皋职业教育中心石优兵和上汽大众汽车有限公司南京分公司的朱庄洪参与了本书的编写，江苏大学葛如海教授担任本书主审。

　　在编写本书时，得到了上汽大众、上海汇众、南京菲亚特工程师的大力支持。

　　由于编者水平有限、时间仓促，书中难免有不妥和错误之处，恳请广大读者批评指正。

编　者

目　　录

第3版前言
第2版前言
第1版前言

01　第一章　汽车制造装备 ………………………………………… 1

第一节　模具与夹具 ……………………………………… 2
第二节　工业机器人 ……………………………………… 8
第三节　工模制造与维护 ………………………………… 9
第四节　车间安全与个人防护 …………………………… 11
习题 ………………………………………………………… 14

02　第二章　车身冲压 ……………………………………………… 15

第一节　汽车车身覆盖件 ………………………………… 15
第二节　汽车冲压生产线 ………………………………… 19
第三节　冲压工艺流程 …………………………………… 27
第四节　典型车身冲压模具 ……………………………… 37
第五节　冲压质量检验与安全 …………………………… 40
习题 ………………………………………………………… 49

03　第三章　白车身焊接 …………………………………………… 51

第一节　白车身焊接概述 ………………………………… 52
第二节　电阻焊 …………………………………………… 57
第三节　气体保护焊 ……………………………………… 63
第四节　其他焊接技术 …………………………………… 71
第五节　白车身焊接质量检验与安全 …………………… 78
习题 ………………………………………………………… 84

04 第四章　车身涂装 85

第一节　汽车涂装概述 85
第二节　汽车涂料基本知识 92
第三节　汽车涂装工艺设计 95
第四节　涂装质量检验与安全 107
习题 113

05 第五章　汽车总装 114

第一节　整车装配工艺装备 114
第二节　汽车总装过程 118
第三节　桑塔纳轿车总装过程 128
第四节　调整 135
第五节　总装质量检验与安全 137
习题 142

附　录　安全标志图片 143

参考文献 148

冲压工艺流程

焊接工艺流程

涂装工艺流程

转配工艺流程

第一章　汽车制造装备

汽车的生产制造需要经过冲压生产线、焊接组装生产线、涂装生产线、总装配生产线和检验生产线，其中总装配生产线包括预组装生产线、发动机底盘装配生产线和最终组装生产线。图1-1所示为汽车的生产制造过程示意图。

冲压生产线：这是制造汽车骨架即车身的起始工序。

材料切割
将卷筒状的铁板铺开来切割成易于加工的尺寸。

冲压加工
对切割后的铁板进行冲压加工，做成地板、车顶、发动机舱盖和车门等形状。

焊接组装生产线
将经过冲压加工的车身各部分丝毫不差（1mm的误差也不能有）地焊接在一起。

涂装生产线
先进行防锈处理，然后依次喷涂底漆、中间漆和面漆，最后抛光打蜡。

装配组装生产线
安装前照灯、仪表等驾驶所需的配件。

发动机装配生产线
测试合格的发动机被运到这里，装配到车身上。

最终组装生产线
组装车轮相关零部件和转向盘、座椅等。

检验生产线
对制动、尾气、漏水等1000多个项目进行检查，全部合格才算完成。

图1-1　汽车的生产制造过程示意图

为了保证这些生产线的运行，首先要为这些生产线配备所需要的模具、夹具、样板以及工业机器人等装备。本章主要介绍部分汽车的生产制造装备的结构、制造与维护。

第一节　模具与夹具

在汽车制造过程中，冲压生产线和焊接组装生产线需要大量模具与夹具，人们习惯把模具和夹具等简称为工模。有些汽车制造厂是将工模直接外交给专业的工模制造公司生产的，也有不少汽车制造厂设有自己的工模生产车间，自己独立制造模具和夹具。

一、模具

装在各种压力机上，使材料变形的金属模型总称为模具。在常温状态下，把坯料放入模具中，通过压力机和模具对坯料施加压力，使坯料分离或变形，制成需要的零件，这类模具称为冷冲模。汽车的车身零部件制造就是采用冷冲模。在汽车冲压车间，常见的冷冲模有冲裁模、弯曲模、拉延模和冷挤压模等。

冲裁模：将一部分材料与另一部分材料分离的模具。图1-2所示为冲裁模结构图。

弯曲模：将坯料弯曲成一定形状的模具。

拉延模：将坯料拉延成开口空心零件或进一步改变空心工件形状或尺寸的模具。

冷挤压模：将较厚的毛坯材料制成薄壁空心零件的模具。

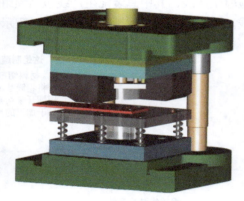

图1-2　冲裁模结构图

二、夹具

汽车车身是由若干冲压零部件经过焊接而成的，要精确保证各冲压零部件的空间相对位置，必须运用大量夹具。夹具的主要作用是定位和夹紧。

1. 六点定位原则

任何物体在空间中都是一个自由体，具有6个自由度（图1-3），在空间直角坐标系中，任何物体都可以沿 X 轴、Y 轴和 Z 轴移动并可绕这3个坐标轴转动，通常把这种运动的可能性称为自由度，要使这个物体在空间占有一定的位置，就必须对其进行约束，限制这6个自由度。在夹具定位时，这6个自由度是依靠6个支承点来进行限制的。

用6个适当分布的支承点限制工件的6个自由度，来确定工件在

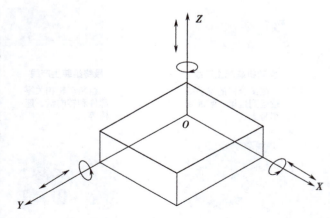

图1-3　空间直角坐标系的6个自由度

夹具中的位置，就是夹具的"六点定位原则"。

2. 夹紧装置

工件在夹具中定位后，必须用适当的力将其夹紧，使工件在加工过程中始终保持准确的位置，因此，夹具中都设有夹紧装置。夹紧装置的组成如图1-4所示，它主要由以下3部分组成：

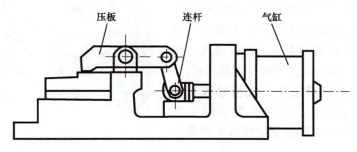

图1-4 夹紧装置的组成

（1）力源装置 产生夹紧作用力的装置。力源装置所产生的力称为原始力，如气动、液动和电动等，图1-4中的力源装置是气缸。对于手动夹紧来说，力源来自人力。

（2）中间传力机构 介于力源和夹紧元件之间传递力的机构，如图1-4中的连杆为中间传力机构。在传递力的过程中，它能够改变作用力的方向和大小，起增力作用；它还能使夹紧实现自锁，保证力源提供的原始力消失后，工件仍能被可靠地夹紧，这对手动夹紧尤为重要。

（3）夹紧元件 夹紧装置的最终执行件，与工件直接接触完成夹紧作用，如图1-4中的压板。

图1-5所示为某汽车底板焊接夹具。

图1-5 焊接夹具

三、检测夹具

车身冲压件、分总成（由冲压件焊接而成）、车身骨架和各种内饰件等总称为车身覆盖件，车身覆盖件的制造质量对于整车质量，尤其是对轿车和各类客车的焊装生产及整车外观造型的影响很大，所以对其质量的检测成为汽车生产厂必不可少的工作。国内汽车生产对于重要的冲压件一般都采用专用的检测夹具（简称检具）作为主要的检测手段，以控制工序间的产品质量。

车身冲压件检测夹具主要由底板总成、检具体、断面样板、主副定位销和夹紧装置组成（图1-6）。图1-7所示为南京菲亚特轿车的部分冲压件检测夹具。

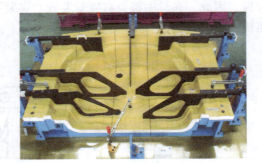

图1-6　车身冲压件检测夹具

行李舱地板检测夹具

车门检测夹具

发动机舱盖检测夹具

翼子板检测夹具

图1-7　南京菲亚特轿车的部分冲压件检测夹具

四、焊装夹具

焊装夹具在车身生产中的作用是：通过夹具上的定位销、基准面、夹紧臂等组件的协调作用,将工件安装到工艺设定的位置上并夹紧,不让工件活动和位移,保证车身焊接精度的一致性和稳定性。

焊装夹具由台板、支座、L板、基准面、定位销、夹紧机构(气缸、夹紧臂等)等组成,如图1-8所示。

(1) 台板

1) 用途:用于安装夹具组件,上表面加工有坐标刻度线,用于夹具基准状况的检测。

2) 安装要求:除工艺设计要求倾斜外,台面一般应处于水平状态放置,安装时应用测量仪、水平仪或透明胶管灌水检查是否水平。多台连线安装的夹具,其同轴度、水平度和节距应符合设计要求。

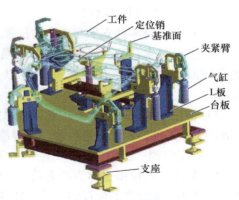

图1-8 焊装夹具组成

3) 使用维护:保持台面清洁,无焊渣、油污和灰尘附着,无分流烧伤或撞击凸凹痕迹,坐标刻度线应清晰完整,严禁在台面上进行敲击作业。

(2) 支座(图1-9)

1) 用途:用于支承夹具台板、夹具高度调节和安放水平调整,使夹具按工艺布置要求安置。

2) 安装要求:连接螺栓紧固可靠,调节螺杆应有垫板支承,夹具位置调整符合要求后,要将调节螺杆锁紧螺母拧紧,若是大型夹具或连线夹具,垫板应和基础预埋件可靠连接。

3) 使用维护:定期检查拧紧连接螺栓和调节螺杆锁紧螺母,定期检查调整台板的水平度。

(3) L板(图1-10)

图1-9 支座

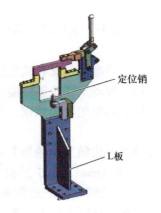

图1-10 L板

1) 用途:用于安装夹具型块、定位销组件、夹紧机构、导向装置等夹具组件。

2) 安装要求:与台板和夹具组件的连接,都必须配定位销定位,使用高强度螺栓连接。

3) 使用维护:定期检查拧紧连接螺栓,定期检查定位销有否松动或脱落。

(4) 基准面（图 1-11）

1) 用途：将零件支承在正确的位置上，并支承夹具夹紧机构的夹紧力。

2) 安装要求：基准面型块采用高强度螺栓安装在 L 板或连接板上，并用定位销定位，表面应经过调质处理，硬度在 48HRC 以上，一般应在基准面端部约 10mm 宽的部位涂红色标记。

3) 使用维护：定期检查拧紧连接螺栓，定期检查定位销是否有松动或脱落；保持表面清洁，无分流烧伤、无碰伤痕迹、无焊渣脏物附着；夹紧状况下和工件间的间隙 <0.1mm。

(5) 定位销

1) 用途：定位销也称为基准销，它将零件安装到正确的位置上；保持后续工序定位基准的一致性；保证产品焊接精度的一致性和稳定性。

2) 安装要求：定位销一般分为固定销和活动销 2 类（图 1-12）。固定销用螺栓锁紧不能活动；活动销作业时能往复伸缩，以方便工件装卸，安装时径向摆动量应 <0.2mm；销的工作段和导向段的表面硬度和粗糙度，应分别在 52HRC 和 0.16HRC 以上，活动销导向孔应配有石墨铜衬套，以减少销的磨损和方便维修维护。

图 1-11 基准面

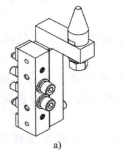

图 1-12 定位销
a) 固定销 b) 活动销

3) 使用维护：定位销表面应无分流烧伤痕迹、无焊渣脏物附着；活动销导向部分应润滑良好。

对定位销的磨损状况和装配状况应进行日常点检和定期检查。若装上工件，夹持机构没有夹持，用手扳动工件，工件能活动，则应进一步进行以下检查：

一是检查固定销紧固状况。用手从径向和轴向扳动固定销，若其能活动，则需要进行紧固。

二是检查定位销工作段磨损状况。组焊工位磨损极限：销径磨损极限为 0.2mm、单面磨损极限为 0.1mm；增打工位磨损极限：销径磨损极限为 0.5mm、单面磨损极限为 0.25mm。若定位销超过上述磨损极限，则应及时更换新销。

三是检查活动销导向段磨损状况。使活动销在伸出状态下，关闭气源，从径向两个方向上推动活动销，用游标卡尺测量其摆动量，极限值应 <0.2mm。若超过极限，则应进一步检查活动销和衬套的磨损状况。

四是检查定位销的有效长度。用钢直尺从安装好的工件上表面测量，销伸出工件表面的直径部分必须为 3~5mm，不在该范围应进行调整或更换新销。

(6)夹紧机构

1)用途：夹紧机构用于矫正变形的工件、缩小工件间的搭接间隙，将工件夹紧固定在基准面上，避免焊接作业时工件错位或变形，确保工件焊接精度的稳定性。夹紧机构的驱动通常有手动、气动、液动和电动，图1-13所示为手动和气动夹具。

夹紧机构主要包含U形限位块、夹紧臂、气缸（手夹）。其中，U形限位块的作用是使夹具夹紧臂在夹紧时不摆动，确保定位或夹紧部位的准确性，其位置如图1-14所示；夹紧臂的作用是通过杠杆或四连杆的作用，将推力转化为夹紧臂的夹紧力；气缸（手夹）的作用是通过往复运动，实现夹具的夹紧和松开。

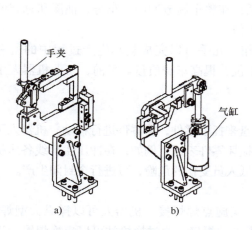

图1-13 手动和气动夹具
a）手动夹具 b）气动夹具

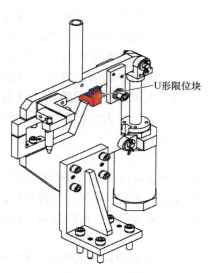

图1-14 U形限位块位置

2)安装要求：U形限位块凸凹组件的安装要求：U形槽侧面和安装部位侧面间隙＜0.05mm，用高强内六角头螺栓可靠紧固，凸凹组件啮合时不能产生碰撞有异响，止动面间隙＜0.1mm，用手推动夹紧臂凸凹组件不能有错动；夹紧臂应有足够的强度，夹紧状况下不能产生弯曲变形；气缸或手夹的夹紧力应调整合适，夹具动作应柔和，没有明显异响，工件夹紧部位不能产生明显压痕或变形；夹紧工况下工件用手不能搬动，夹紧臂用手不能晃动。

3)使用维护。

对U形限位块的使用维护：U形限位块凸凹组件应紧固可靠无松动，止动面上无焊渣灰尘附着；夹紧状况下，用手推动夹紧臂凸凹组件不能相对错动，若有错动现象，则必须用塞尺测量止动面间的配合间隙，若间隙≥0.1mm，则应更换。

对夹紧臂的使用维护：作业过程中，要尽量避免焊炬或工件碰撞夹具，防止夹紧臂变形；避免焊炬直接接触夹具组件，防止分流烧伤夹具组件；夹头表面不能有焊渣附着；夹紧臂各部位的连接螺栓应紧固可靠，铰链活动销部位应润滑良好；日常点检应对夹紧臂的夹紧状况进行检查，夹紧状况下，用手从上下、左右方向扳动夹紧臂，若有松动，则应进一步检查夹紧机构其他组件的状况，以确保夹具工作的可靠性。

对气缸的使用维护：气缸杆上的锁紧螺母不能有松动、气缸不能有漏气和窜气，否则会夹不紧或夹不到位；气缸的节流阀、缓冲阀锁紧螺母应紧固可靠。

对手夹的使用维护：日常点检中应随时进行相应的调整，操作时应有"死点"顶紧的手感；夹紧状况下，工件用手扳应无松动，夹紧臂用手摇晃不能晃动。

第二节 工业机器人

工业机器人广泛应用于整车制造中。机器人操作与人工操作相比较，具有显著的优点：工艺过程稳定；工艺质量高；重复精度高；可进行复杂的工艺操作；可适应恶劣的工作环境。其缺点是：投资大；要求专业编程人员；维护费用高。

机器人操作与传统设备（如固定焊机）相比较，具有下列优点：可实现柔性加工，当进行2种以上车型共线生产时，投资将大大降低；在整车制造冲压、车身、油漆和总装四大车间，机器人可用于搬运、焊接、涂敷和装配工作。

工业机器人可以与不同的加工设备配合工作，几乎可以完成整车生产过程中的所有工作。利用机器人可以大大提高生产效率、减少工位，提高车身质量。目前，工业机器人主要应用于以下几方面：

1. 机器人搬运

机器人搬运是由机器人操纵专用抓手或者吸盘来抓取零件，将零件进行移动。机器人可以快捷、准确地移动大型零件，放置到位，而不会损坏零件表面。例如，在冲压生产线各压机间采用机器人来搬运零件，可以提高工作效率，降低人员受伤的危险，可进行全封闭生产。

2. 机器人点焊

机器人点焊是由机器人操纵各种点焊焊钳，实施点焊焊接。机器人可以操纵大型焊钳，对地板等零件进行点焊，或者进行复杂位置的焊点的焊接。通过换枪站可以更换焊钳，进行各种位置的点焊。焊点的质量高、质量稳定，且速度快，例如在补焊时，在一个工位，128s的时间，由5台机器人可以焊接多达190个焊点，图1-15所示为机器人点焊。

图1-15 机器人点焊

3. 机器人弧焊

机器人弧焊是由机器人操纵弧焊焊炬，进行仰焊、立焊等各种位置的弧焊。通过传感器,可以跟踪焊缝,控制弧长。但是机器人弧焊对零件匹配要求较高,当零件间缝道不均匀或者不平整时,就会产生焊接缺陷。

4. 激光焊接

激光焊接是由机器人操纵激光加工镜组,进行激光焊接。激光源可以采用CO_2激光器或者YAG激光器。激光焊接设备很复杂,要求机器人重复精度较高,一般要高于±0.1mm。

5. 机器人螺栓焊接

由机器人操纵螺栓焊炬,可以进行空间全方位的螺栓焊接。例如,在一个工位内,在150s的时间,由4台机器人可以焊接90个螺栓。

6. 机器人黏结剂和密封剂的涂敷

点焊胶、支撑胶和PVC密封等通过机器人操纵涂敷枪可以精确地控制黏结剂流量,进行各种复杂的形状和空间位置的涂敷,且涂敷速度稳定。

7. 机器人装配及其他

由机器人抓取零件,能精确地将零件装配到位,尤其是在总装车间装配前后风窗玻璃时,能够保证装配质量。机器人还可以进行卷边、测量、检验和自动喷漆(图1-16)等。

图1-16 喷漆机器人

目前世界上应用比较广泛的机器人包括FANUC、ABB和KUKA等公司的机器人。目前各个汽车制造厂商根据需要会选用不同公司的机器人,但各个公司的机器人都需要各自不同的编程语言和不同的外设标准,造成应用时必须由专门的程序员编程,同时必须通过专门的转换接口才能连接其他公司的外设,这些在一定程度上制约了机器人的推广与应用。

第三节 工模制造与维护

一、工模车间

工模车间的主要任务是生产与维修模具和夹具,及时满足前方生产流水线的需求,确保生产正常运行。

工模车间设备设施齐全，拥有几百千克的小型模具、几十吨的大型模具、各类普通机床（如车床、刨床、铣床、钻床、钳床、磨床、冲床和大型试模压力机等）、各类专用机床（如电火花加工机床、数控线切割加工机床、数控龙门刨床和数控仿形铣床等）和精密测量仪（如三坐标测量仪等）。

上海大众汽车公司的工模车间设有三个股，即技术准备股、精加工股和模具夹具股。

1. 技术准备股

技术准备股的任务是负责技术准备，解决加工中存在的问题。

2. 精加工股

精加工股的任务是执行技术准备股所下达的加工任务。精加工股分为三个工段：一工段负责车、磨、镗和线切割等；二工段负责铣（靠模铣、仿形铣）和割料；三工段为辅助工段，负责备料和油漆。

3. 模具夹具股

模具夹具股以钳工为主，主要任务是制造模具和夹具，同时负责模具和夹具的日常维修。模具夹具股分为三个工段：模具工段，夹具工段，样板工段。

二、模具的维修

冲压车间的大部分模具，经过一段时间的使用会失去原来的精度，所以模具工的任务是把要损坏的模具尽可能恢复到原来的水平。这也就决定了模具工主要以维修为主，图1-17所示为模具工用电动砂轮机维修模具。

一般的情况是，当检验员发现冲压件有问题，就查是哪一副模具造成的，然后通知模具夹具股派模具工到冲压现场查看确认，卸下运回，由工艺员制订加工工艺卡，并附上相应的模具图、零件图，模具工按工艺卡和图施工。模具工维修前会首先找到模具的损坏部位，请电焊工进行堆焊，然后进行成形磨削，边磨削边用样板测量，直到加工达到工艺要求为止。

图1-17　模具工用电动砂轮机维修模具

三、工模车间产品质量保证

一辆轿车的外形主要是靠冲压件来支撑的，冲压件质量的好坏，直接影响到白车身的拼接，最后影响到整台轿车的质量，而冲压件的质量是靠模具质量来保证的。模具质量好，冲压件质量就高。所以说，一台整车车身质量的好坏，模具是关键因素，模具车间在整个轿车生产过程中，占有一个非常重要的地位。

为了保证产品质量，一般工厂都采用工艺负责制，即根据工艺卡片的工艺要求，每个岗位的工人加工零件时必须保证自己工序的质量，这样道道工序都保证了，产品质量就提高了。

为了保证产品质量，又要适应生产的快节奏，一般维修采用直接修整和间接修整2种方法。若模具、夹具维修多采用直接修整，就把模具、夹具从现场拉回来维修；若时间紧，立即要使用，就采用间接修整，例如车顶横梁位置不准确时，可现场将车辆吊下，用夹具拼，并用三坐标测量仪测，对照图样的要求检验，若位置偏低－2mm，夹具就上调＋2mm。

四、工模车间安全操作规程

1）操作前，应按所用工具的需要和有关规定，穿戴好防护用品，若使用电动砂轮机，则要戴好防护眼镜。

2）使用工具必须齐全、完好、可靠才能开始工作。禁止使用有裂纹、带毛刺或手柄松动等不符合安全要求的工具，并严格遵守常用工具安全操作规程。

3）开动设备时，应先检查防护装置，紧固螺钉以及电、油、气等动力开关是否良好，并空载试车试验后，方可投入工作。操作时应严格遵守所用设备的安全操作规程。

4）设备上的电气电路、器件以及电动工具发生故障时，应交电工修理，自己不得拆卸，不准自己动手设电路和安装临时电源。

5）工作中应注意周围人员及自身的安全，防止因挥动工具、工具脱落、工件及铁屑飞溅造成伤害，两人以上一起工作要注意协调配合。

6）起吊和搬运物件时，应遵守起重工、挂钩工和搬运工安全操作规程，与行车工密切配合。

7）清除铁屑时，必须使用工具，禁止用手拉或嘴吹。

8）工作完毕或因故离开工作岗位时，必须将设备和工具的电、气切断；工作完毕后，必须清理场地，将工具和零件整齐地摆放在指定的位置上。

第四节　车间安全与个人防护

一、车间安全标志解读

安全标志是用以表达特定安全信息的标志，由图形符号、安全色、几何形状（边框）或文字构成。安全标志分禁止标志、警告标志、指令标志和提示标志。

安全标志的颜色含义：红色是表示禁止、停止的意思；黄色是表示注意、警告的意思；蓝色是表示指令、必须遵守的意思；绿色是表示通行、安全和提供信息的意思。

1. 禁止标志（图1-18）

禁止标志的含义是禁止人们的不安全行为，其基本形式为带斜杠的圆形框。圆形和斜杠为红色，图形符号为黑色，衬底为白色。全部禁止标志图形见书后附录。

2. 警告标志（图1-19）

警告标志的含义是提醒人们对周围环境应注意，以避免可能发生的危险，其基本形式是正三角形边框。三角形边框及图形符号为黑色，衬底为黄色。全部警告标志图形见书后附录。

3. 指令标志（图1-20）

指令标志的含义是强制人们必须做出某种动作或采取防范措施，其基本形式是圆形边框。图形符号为白色，衬底色为蓝色。全部指令标志图形见书后附录。

图1-18 禁止标志

图1-19 警告标志

图1-20 指令标志

4. 提示标志（图1-21）

提示标志的含义是向人们提供某种信息（如标明安全设施或场所等），其基本形式是正方形边框。图形符号为白色，衬底色为绿色。全部提示标志图形见书后附录。

二、消防知识

常见的消防器材主要有灭火器、消防水泵、消防栓、水带和水枪等。

图1-21 提示标志

1. 二氧化碳灭火器

二氧化碳灭火器利用其内部所充装的高压液态二氧化碳本身的蒸气压力作为动力喷出灭火。

灭火时只要将灭火器的喷筒对准火源，打开启闭阀，液态的二氧化碳就会立即汽化，并在高压作用下，迅速喷出。应该注意二氧化碳是窒息性气体，对人体有害，在空气中二氧化碳含量达到8.5%时，人会出现呼吸困难、血压增高；二氧化碳含量达到20%～30%时，人会呼吸衰弱、精神不振，严重的可能因窒息而死亡。因此，在空气不流通的火场使用二氧化碳灭火器后，必须及时通风；在灭火时，要连续喷射，防止余烬复燃，不可颠倒使用。

2. 干粉灭火器

干粉灭火器是以高压二氧化碳为动力，喷射筒内的干粉进行灭火的，为储气瓶式。它适用于扑救石油及其产品、可燃气体、易燃液体、电器设备初起火灾，广泛用于工厂、船舶和油库等场所。

碳酸氢钠干粉灭火器适用于易燃、可燃液体和气体以及带电设备的初起火灾；磷酸铵盐干粉灭火器除可用于上述几类火灾外，还可用于扑救固体物质火灾，但这两种灭火器都不适宜扑救轻金属燃烧的火灾。

干粉灭火器灭火时，应先拔掉保险销，一只手握住喷嘴，另一只手提起提环（或提把），按下压柄就可喷射。扑救地面油火时，要采取平射的姿势，左右摆动，由近及远，快速推进。如果在使用前，先将筒体上下颠倒几次，使干粉松动，然后再开气喷粉，则效果更佳。

3. 消防水泵和消防供水设备

水泵俗称抽水机，在灭火中用来吸取和输送消防用水。消防供水设备是消防水泵的配套设备，比较常见的是室内消防栓系统，它包括水枪、水带和室内消火栓。使用时，应将水带的一头与室内消火栓连接，另一头连接水枪。现有的水带水枪接口均为卡口式的，连接时应注意槽口，然后打开室内消火栓开关，即可由水枪开关来控制射水。

三、个人防护

生产过程中存在的各种危险和有害因素，会伤害劳动者的身体，损害健康，甚至危及生命。个人防护用品是在劳动过程中为防御物理、化学和生物等有害因素伤害人体而穿戴和配备的各种物品的总称。

个人防护用品主要有：防护服、防护眼镜和防护面罩、呼吸防护器和防护手套。

1）防护服包括帽、衣裤、围裙及鞋盖等，主要是用于防止热辐射、射线、微波和化学污染物损伤皮肤或经皮肤侵入人体。

2）防护眼镜和防护面罩包括电焊工护目镜、炉窑工护目镜和面罩、防微波和防碎屑眼镜等。

3）呼吸防护器可分为自吸过滤式和送风隔离式两大类。自吸过滤式是以佩戴者自身呼吸为动力将有害物质予以过滤净化的防护器；送风隔离式是将佩戴者的呼吸器官与污染环境隔离，通过输入空气或氧气来维持人体正常呼吸的防护器，用在缺氧、尘毒污染严重、情况不明或有生命危险的工作场合。

4）防护手套主要是棉手套，也有用新型橡胶体或聚氨酯塑料浸泡制成的手套。根据材质的不同，手套可分为多种，如防溶剂、耐油、耐漆、防污染、耐热和耐寒冷手套等。

习　题

1. 简述汽车的生产制造过程。
2. 简述冷冲模的概念与分类。
3. 什么是六点定位原则？夹具的作用是什么？
4. 车身冲压件检具由哪几部分组成？
5. 简述焊装夹具的作用和基本构造。
6. 工业机器人应用在汽车制造的哪些方面？有哪些优缺点？
7. 简述工模车间在整个轿车生产过程中的作用。
8. 工模车间采用什么方式保证产品的质量？

第二章　车身冲压

在汽车构成中，车身、底盘和发动机被称为汽车的三大部件。车身的形式已越来越受到人们的重视，其原因在于：从质量占比来看，轿车车身质量占整车的40%~60%，载货汽车车身质量占整车的20%~30%；从制造成本上来看，轿车车身成本占整车的50%~70%，载货汽车车身成本占整车的15%~30%，且档次越高的豪华车，车身成本占的比例越大；从汽车发展趋势来看，人们对汽车的安全性、舒适性、新颖性以及豪华档次等特色的要求将越来越高，而这些特色很多要通过汽车车身来体现。

汽车车身是一个形状复杂的空间薄壁壳体。它的主要零部件均由钢板冲压焊接而成，它们要进行涂装以增加美感和耐蚀性，最后装上各种内饰件才能形成完整的车身。

本章主要介绍轿车车身冲压工艺。

第一节　汽车车身覆盖件

一、汽车车身

汽车的车身通常由覆盖件和一般冲压件构成。汽车覆盖件（简称覆盖件）是构成驾驶室和车身的表面零件，以及覆盖发动机和底盘其他表面的零件。覆盖件通常可分为内覆盖件、外覆盖件和骨架件。

1. 汽车车身结构

汽车车身覆盖件主要有发动机舱盖、行李舱盖、车门、车顶、翼子板和前后底板等。图2-1所示为白车身主要构件，图2-2所示为车身骨架主要构件、图2-3所示为车身底板主要构件、图2-4所示为车身侧围主要构件、图2-5所示为车门主要构件、图2-6所示为发动机舱盖主要构件、图2-7所示为行李舱盖主要构件。

2. 车身材料

车身冲压件所用的材料均为冷轧镀锌板，其冲压级别有：最复杂拉深级（用ZF表示）、很复杂拉深级（HF）、复杂拉深级（F）、最拉深级（Z）、深拉深级（S）和普通拉深级（P）。

镀锌板由于其拉深性能优越，常使用在车身覆盖件上，镀锌板有单面镀锌板和双面镀锌板两种。常见镀锌板号牌有st1203、st1303、st1403、st1305、st1405和08ZF等。号牌

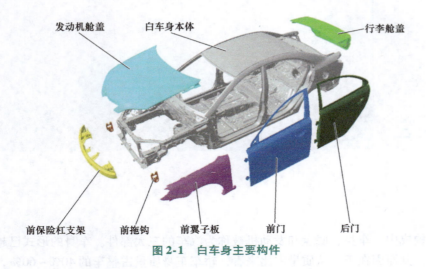

图 2-1 白车身主要构件

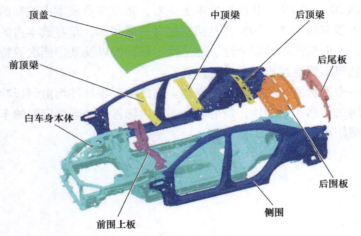

图 2-2 车身骨架主要构件

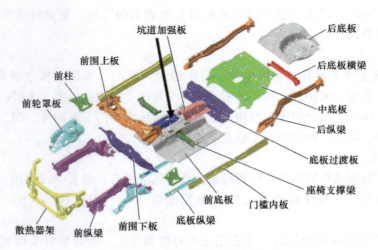

图 2-3 车身底板主要构件

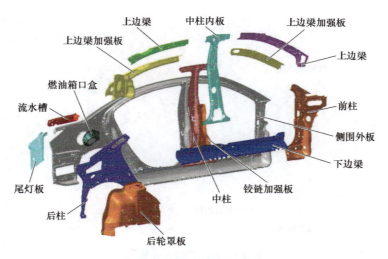

图 2-4　车身侧围主要构件

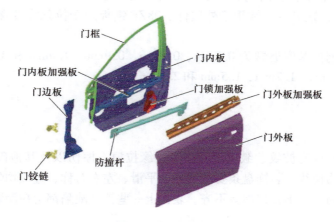

图 2-5　车门主要构件

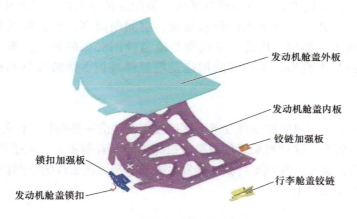

图 2-6　发动机舱盖主要构件

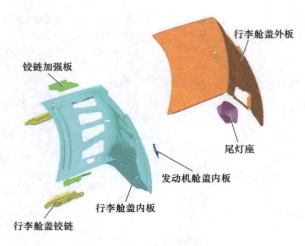

图 2-7　行李舱盖主要构件

中 st12、st13、st14 表示材料的塑性，数字越大，塑性越好，"03""05"表示材料的表面质量，05 表面光洁，缺陷少，常用于外覆件。08ZF 钢板用于拉延深度深的、形状复杂的覆盖件。

外、内覆盖件钢板厚度通常为 0.7mm、0.8mm、0.9mm、1.0mm 和 1.5mm，而骨架件钢板厚度通常为 1.1mm、1.2mm、1.5mm 和 2.5mm。

二、对汽车车身覆盖件的要求

1. 表面质量

覆盖件表面不允许有波纹、皱纹、凹痕、边缘拉痕、擦伤以及其他破坏表面完美的缺陷。覆盖件上的装饰棱线、装饰盘条要求清晰、平滑、左右对称、过渡均匀。覆盖件之间的装饰棱线衔接处应吻合，不允许参差不齐。表面上一些微小缺陷都会在涂装后引起光的漫反射而影响外观。

2. 尺寸和形状应符合覆盖件图和汽车主模型

覆盖件间的装配多用点焊，兼用螺钉联接。装配连接处的两个覆盖件的空间曲面必须一致，衔接处也要一致。由于覆盖件形状复杂、空间曲面多，覆盖件图是无法完全表示出来的，只能依赖于主模型。因此，主模型是覆盖件图必要的补充，真正能表示覆盖件的不是覆盖件图而是主模型。主模型的用途是覆盖件冲模、焊装夹具和检验夹具制造的标准。

3. 刚性

在拉深过程中，由于材料的塑性变形不够而使覆盖件的一些部位刚性差，就会造成覆盖件受振动后产生空洞声。这种现象表现为敲击拉深件时其音频不一，用手按压发出"乒乓"声。用这样的覆盖件装车，在汽车行驶中会发生振动，造成覆盖件的早期损坏，这种情况多产生在曲面平滑的覆盖件上。

4. 工艺性

覆盖件的工艺性关键在于拉深的可能性和可靠性，即拉深的工艺性。而拉深工艺性的好坏主要取决于覆盖件的形状。

第二节　汽车冲压生产线

冲压车间有各种大型压力机，组成数条冲压生产线，完成各种大冲压成形、切边等工序；有数条落料机为冲压件备料；有一台喷油线为生产出的冲压件上油，以防生锈。

一、冲压设备

冲压车间主要设备有压力机、开卷机和剪板机。在汽车冲压车间常见的压力机有曲轴压力机和偏心压力机两种，其传动系统分别如图2-8、图2-9所示。

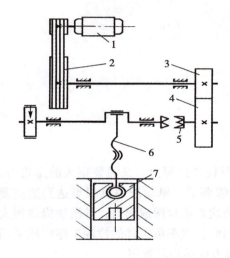

图2-8　曲轴压力机传动系统
1—电动机　2—带轮　3、4—齿轮
5—离合器　6—连杆　7—滑块

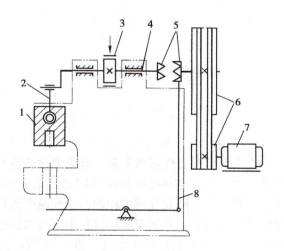

图2-9　偏心压力机传动系统
1—滑块　2—连杆　3—制动装置　4—偏心轴
5—离合器　6—带轮　7—电动机　8—操纵机构

常见的曲轴压力机有闭式压力机（图2-10）和开式压力机（图2-11）。闭式压力机刚性好，在冲压车间里主要加工形状较复杂、尺寸较大的顶盖、门板、前盖和翼子板等。开式压力机刚性较差，但操作方便，轿车上许多小型冲压件都在开式压力机上加工。

闭式压力机又可分为闭式四点双动压力机、闭式四点单动压力机和闭式双点压力机。所谓"点"指的是曲柄，有两个曲柄、四个曲柄的压力机，分别简称为双点、四点压力机；所谓"动"指的是电动机，有一个电动机、两个电动机的压力机，分别简称为单动、双动压力机。

闭式压力机工作时由电动机带动主驱动轴使飞轮旋转。飞轮能储存能量并通过离合器与齿轮相连进行传动。动力经齿轮传动减速后，传递给曲柄连杆机构，曲柄连杆机构使偏心齿轮的转动变为滑块沿导轨上下运动。冲模的下模固定在工作台上，上模装在滑块的下端，随滑块上下运动进行冲压。冲压后的工件由气垫顶出。

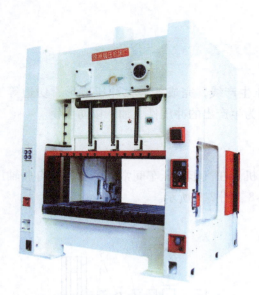
图2-10 闭式双点单动压力机

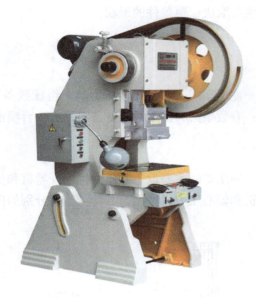
图2-11 开式压力机

二、汽车车身冲压生产特点

1. 拉深工序多采用宽台面双动压力机

由于汽车覆盖件形状复杂,既需要设备有很大的行程和拉深力,又需要很大的压边力,而且压边力的大小和在压料面不同部位上的分布要能够调节,单动压力机很难达到这些要求。而双动压力机有分别运动的内、外两个滑块,内滑块提供拉深成形力,外滑块提供很大而稳定的压边力,有利于拉深过程中压边力的控制。因此,汽车覆盖件的拉深工序广泛采用10000~20000kN的双动压力机。图2-12所示为双动压力机结构示意图。

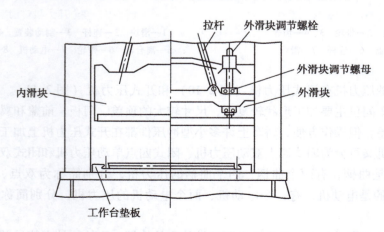
图2-12 双动压力机结构示意图

2. 广泛采用单动宽台面多点压力机

由于汽车覆盖件轮廓尺寸大而材料厚度小,所需台面尺寸较大,在修边、校形、翻边和冲孔等工序的偏心力较大,因而广泛采用宽台面多点压力机。同时为了缩短换模时间,广泛采用带活动工作台面的压力机。

3. 广泛采用冲压生产线

汽车车身生产都是大批量生产,为提高生产效率、稳定质量,一般采用冲压生产线方式生产。冲压生产线的设备一般按工艺流程,以双动压力机为首,加上4~5台单动宽台面压力机组成。排列方式多采取贯通式纵向排列,也有采用压力机横向排列的。图2-13所示为冲压生产线。

三、冲压生产线

汽车覆盖件冲压生产的机械化和自动化程度是汽车车身制造技术水平的重要标志之一。

图2-13 冲压生产线

冲压生产的机械化和自动化主要表现在:坯料准备,使用卷材、带料,实现卷材的开卷、校平和落料自动化;大型覆盖件,采用不同形式的冲压自动生产线和机械化冲压生产线;小型冲压件,大量采用连续或自动冲模,采用高速压力机实现冲压生产的高速化;废料排除,采用废料处理的自动化系统。

根据产量的不同,生产线的自动化程度也不同。半自动化生产线:人工上料、取件,由传送带在设备间运输半成品件。自动化生产线:自动上料、取件,由传送带在设备间运输半成品件。全自动化生产线(图2-14):卷材开卷线、上料、涂润滑油、取件、工序件翻转、输送和工序件的质量检测等全部由程序控制或计算机控制,全生产线实现无人化生产。

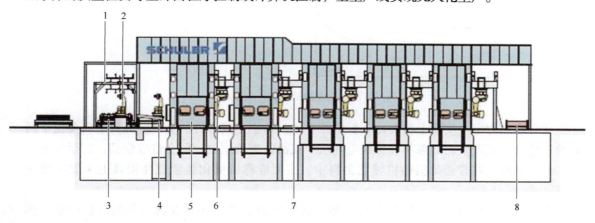

图2-14 汽车冲压全自动化生产线
1—拆垛/上料 2—拆垛机器人 3—拆垛站 4—上料机器人
5—移动工作台 6—横杆机器人 7—端拾器自动更换装置
8—成品零件传输装置

汽车覆盖件冲压生产的全自动化是在单机自动化的基础上，配置工序间零件输送装置、翻转（或转位）装置和废料排出装置等，由控制装置统一协调各单机和各种装置的动作，使毛坯按预定的程序自动地逐步进入各种冲压工位，全部冲压成形结束后，送出冲压件。

1. 压力机单机机械化和自动化

自动化的压力机安装了自动上、下料装置。最常用的自动下（卸）料装置是各种类型的机械手或接触器，它们大多数安装在压力机上，也有单独安装的。图2-15所示为一种从上模接取制件的机械手。

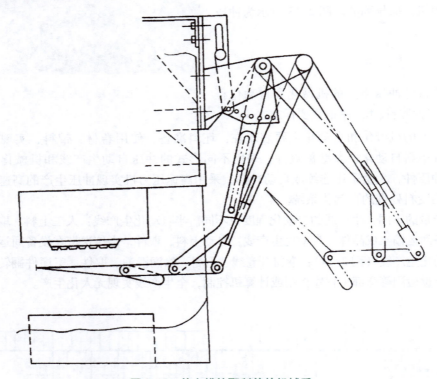

图2-15 从上模接取制件的机械手

在普通压力机上实现上料要比下料困难一些，特别是成形件的上料，因为上料要比下料时的定位要求更严格。如果不能保证毛坯或半成品的准确定位，便会造成废品，甚至发生工装、设备事故。在普通单机的机械化上料中，主要应靠机械化装置或在模具上采取措施来保证。

大型覆盖件的第一道工序的上料（即平板毛坯的上料）还存在薄板料的分层问题。薄板料的分层方式有机械式、气吹式和磁力式等。在给拉深压力机上料时，还应解决薄板料的拉深润滑油的自动涂敷问题。

2. 冲压自动生产线的机械化装置

冲压自动生产线的机械化装置由上料、下料、翻转和传送等装置组成。

上料装置也称为拆垛进给装置，是汽车覆盖件冲压自动生产线必不可少的机械化装置，用于自动生产线第一道工序，将板料送进冲模。这种装置包括料台、举升机构、吸料进给器、涂油装置、双料检测器和上料器等部分。图 2-16 所示为一种自动上料装置示意图。

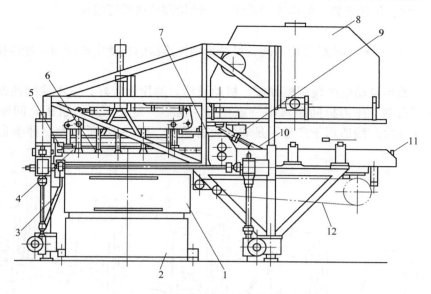

图 2-16　自动上料装置示意图
1—料架　2—升降台　3—磁力分层器　4—磁性辊　5—双料检测器　6—真空吸盘
7—涂油辊　8—凸轮箱　9—送料滑架　10—夹钳　11—挡铁　12—驱动装置

上料下料装置是一种用于两台压力机之间的组合式机构，它能同时完成工件的下料、传送和上料三种动作，有的还与翻转器组成一个单元，完成四种动作。

在拉深成形工序和修边工序之间常常要将拉深件翻转 180°，所以，在自动生产线上的拉深件成形后，要有一种翻转装置来完成这一动作。有的翻转装置与传送装置是连在一起的，有的是独立的。

翻转装置在做翻转运动时，在保证完成翻转动作的前提下，对拉深件的支持力不能过大，以防止拉深件的变形，同时要保证拉深件翻转后的位置正确。翻转装置一般是由驱动系统、间歇运动机构、旋转轮和过载离合器等组成。图 2-17 所示为一种与上、下料器组合成一体的翻转装置示意图。

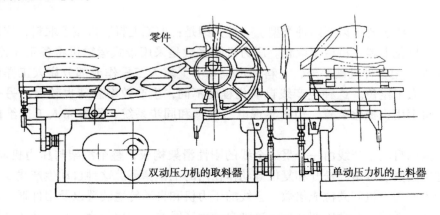

图 2-17　翻转装置示意图

在上料装置和下料装置单独工作时，中间要有传送装置，用于将半成品从上一道工序传送到下一道工序。传送装置一般由驱动系统、传动轮和传送带等组成。

3. 冲压自动生产线

冲压自动生产线按其机械结构不同，可分为刚性连接的自动生产线和柔性连接的半自动生产线。

柔性连接的半自动生产线调整方便、机动灵活、通用性较好，它不像刚性连接的自动生产线要求那么高，压力机间距离不一定相等，也不一定要求压力机距离间隔为零件共位的倍数。这种生产线适用于产量不是非常大的情况。图2-18所示为一种半自动生产线的示意图。

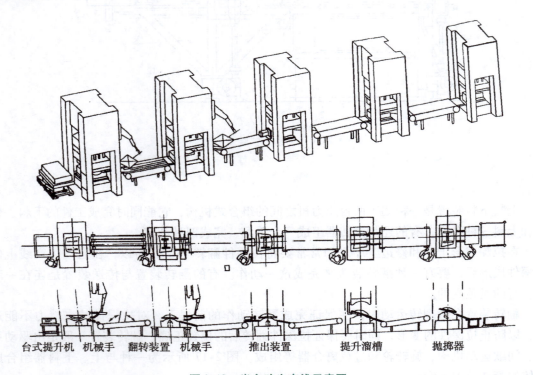

台式提升机　机械手　翻转装置　机械手　推出装置　　提升溜槽　　抛掷器

图2-18　半自动生产线示意图

半自动生产线主要有以下两种类型。一种类型是：人工上料、机械手取料；或部分人工上料，部分机械化上料，机械手取料。压力机间多数是采用带式运输机将各工序连接起来，除卸件（取件）用各种机械手外，上料和定位基本上靠人工操作或部分靠人工操作，部分机械化推进，人工定位。这种生产线自动化程度不同，生产效率悬殊也较大。另一种类型是：上、下料都用机械化装置，但未实现电气互锁和同步系统，需要靠人工进给信号间歇操作。

刚性连接的自动生产线由一个贯通全线的刚性滑架构成，整个滑架与压力机同步动作，分别完成包括夹紧、进给、松开和复位等动作在内的工作循环。这种自动生产线要求压力机之间距离相等或压力机间共位成倍数。全线的压力机和自动传送装置以及出件器、翻转器等通过统一的动力系统，自动协调动作。这种自动生产线的自动化程度较高，通用性较差，要有很好的定位和可靠的保险装置。图2-19所示为一种全自动生产线示意图。

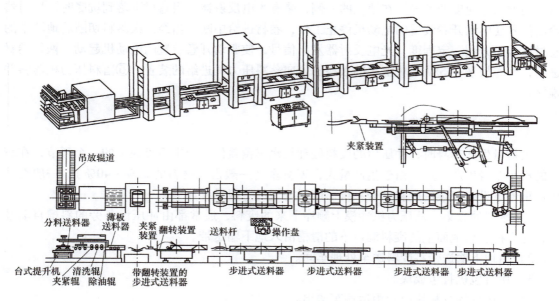

图2-19　全自动生产线示意图

四、坯料准备的自动化和机械化

毛坯准备工作主要是板料剪切，如果使用的毛坯是卷材，则毛坯准备工作包括开卷、落料或剪切。

用来剪切板料的普通剪板机的机械化一般由升降料台、板料的分放机构、送料机构、定位机构、出料机构和堆垛机构等组成（图2-20）。

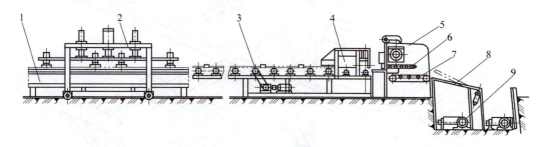

图2-20　板料剪切机械化生产线

1—升降台　2—带有抓取机构的可移式板料放置装置　3—机动滚道　4—送进装置
5—剪板机　6—防板料下沉磁力滚道　7—下料机构　8—下料转换机构　9—坯料起重运输小车

宽卷材是汽车车身覆盖件生产中广泛采用的一种原材料形式，用宽卷材备料的工艺程序一般是：开卷机开卷、多辊校平、落料压力机落料（或切断）和堆垛。

落料开卷自动线的工作流程是：①由起重机将卷材送到开卷线的送料装置上；②将卷材的端头装夹在开卷装置上；③进行开卷，并进入多辊校平机校平；④被校平后的板料进入地坑，形成一个缓冲带（补偿环），以补偿卷材在开卷校平部分连续运行和进入落料切断冲模时的间歇动作速度的差异，在地坑的一侧，装有光电反射器，当卷材下落到坑底时，反射器给出信号使驱动开卷装置的电动机停止工作，卷材进给中断；当经几次落料切断后地坑中的卷材逐步上升到一定程度，光电反射器发出信号，使驱动开卷装置的电动机起动，恢复卷材进给，开卷校平；⑤从地坑上来的板料进入向落料压力机进给的装置；⑥落料压力机落料并堆垛。

五、废料处理方式

大批量生产车身时，冲压后的废料处理是汽车覆盖件生产中不可缺少的一个环节，在较大的汽车车身生产工厂，由于生产量大，废料多（一般占原材料的25%~40%），一般在冲压厂房地下设有复杂的废料处理系统。废料处理的一般过程如下：

1）废料的收集。从压力机冲模上顺序下来的废料，通常都由冲压设备旁的斜槽自动经设在压力机前后地面上的废料洞口下的滑槽滑入地下输送带。

2）由地下输送带将废料送至处理车间。

3）用打包机打包成块。

4）将压好的废料块由专用运输车送出。

图2-21所示为地下冲压废料处理系统示意图。

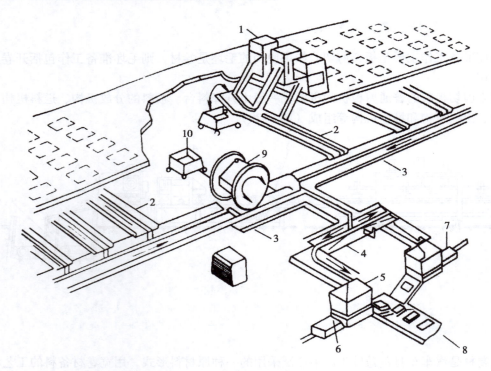

图2-21 地下冲压废料处理系统示意图

1—冲压生产线 2—废料输送带 3—主传送带 4—分配传送带 5—装料漏斗
6、7—液压打包机 8—废料包块传送带 9—翻转器 10—备用小车

第三节 冲压工艺流程

汽车冲压的核心部分是冷冲模，冷冲模的结构决定了冲压件的结构。

一、冷冲模的基本结构

冷冲模的基本结构分为上、下两部分。上半部分有模柄、上模座、上模垫板、上模固定板、凸模、卸料板、卸料橡皮（弹簧）、推料杆、内六角头螺栓和圆柱销（圆锥销）等；下半部分有下模座、下模垫板、凹模、定位板以及导柱导套等，如图2-22所示。

上模是整副冲模的上半部，即安装于压力机滑块上的冲模部分。

上模座是上模最上面的板状零件，工作时紧贴压力机滑块，并通过模柄或直接与滑块固定。

下模是整副冲模的下半部，即安装于压力机工作台面上的冲模部分。

下模座是下模与压力机工作台面接触的零件，一般为板件，其直接固定在压力机台面或垫板上。

凸模是冲模中起直接成形工件作用的凸形工作零件，即以外形为工件表面的零件。

凹模是冲模中起直接成形工件作用的凹形工作零件，即以内形为工件表面的零件。

导柱是为上、下模座相对运动提供精密导向的圆柱形零件，多数固定在下模座，与固定在上模座的导套配合使用。

导套是为上、下模座相对运动提供精密导向的圆柱形零件，多数固定在上模座，与固定在下模座的导柱配合使用。

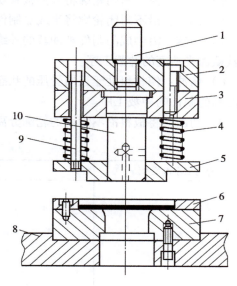

图 2-22　冷冲模的基本结构
1—模柄　2—上模座　3—凸模固定板
4—弹簧　5—压边圈　6—定位板　7—凹模
8—下模座　9—卸料螺钉　10—凸模

二、冲压工艺相关概念

冲压工艺流程中，常出现工序件、工件、冲件等概念。工序件是指已经冲压的坯料或冲件，但尚需进一步冲压。工件是指已完成工艺文件规定的各道工序的冲件。冲件是工序件和工件的统称。

冲压工艺流程概括起来可分为分离工序和成形工序两大类。

1. 分离工序相关工艺术语

分离工序，其特点是板料受外力后，剪切应力超过剪切强度极限，使得板料发生剪裂而分离。分离工序的凸、凹模之间间隙很小，并且凸、凹模被做成锋利的刃口，以便形成强大的剪切力进行剪切，使坯件与板料分离。分离工序主要包括落料、冲孔、切边、切口、切舌、剖切、整修、精冲、切断。表2-1为分离工序相关术语与对照简图。

1）落料：将材料沿封闭轮廓分离的一种冲压工序，被分离的材料称为工件或工序件，大多数是平面形的。

2）冲孔：在毛坯或板料上，沿封闭的轮廓分离出废料得到带孔制件的冲裁工序。

3）切边：切去成形制件多余的边缘材料的冲裁工序。

4）切口：从毛坯或半成品制件的内外边缘上，沿不封闭的轮廓分离出废料的冲裁工序。

5）切舌：沿不封闭轮廓将部分板料切开并使其下弯的冲裁工序。

6）剖切：沿不封闭轮廓将半成品制件切离为两个或数个制件的冲裁工序。

7）整修：沿半成品制件被冲裁的外缘或内孔修切掉一层材料，以提高制件尺寸精度和冲裁截面光洁度的冲裁工序。

8）精冲：使材料处于三向受压的状态下进行冲裁，冲制出冲切面无裂纹和撕裂、尺寸精度高的制件的冲裁工序。

9）切断：将板料沿不封闭的轮廓分离的冲裁工序。

表2-1 分离工序相关术语与对照简图

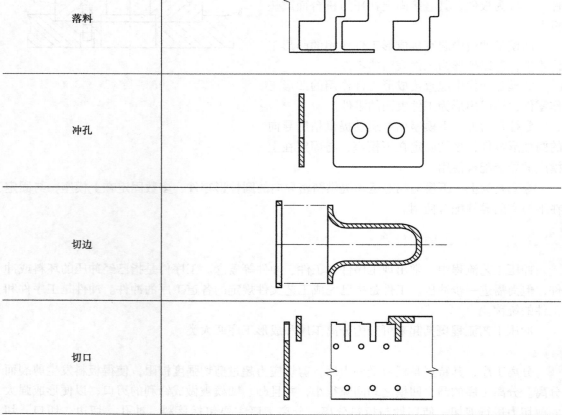

（续）

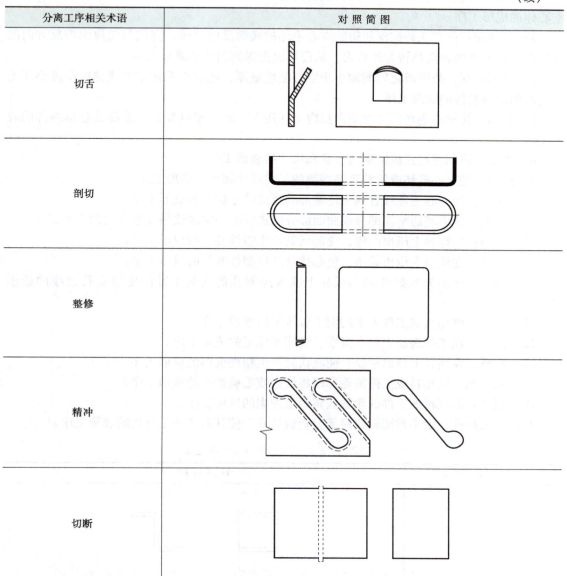

分离工序相关术语	对照简图
切舌	
剖切	
整修	
精冲	
切断	

2. 成形工序相关工艺术语

成形工序，也称变形工序，其特点是板料受外力后，应力超过屈服极限，但低于抗拉强度，经塑性变形后成一定形状。为减小金属流动的摩擦阻力，成形工序的凸模和凹模与板料发生作用的边缘均须有适当的圆角，并留有相当于板厚 1.1~1.2 倍的间隙，有时还要在板料或模具上涂润滑剂。成形工序主要包括弯曲、卷边、扭曲、拉深、反拉深、变薄拉深、胀形、整形、缩口、扩口、翻边等。表 2-2 为成形工序相关术语与对照简图。

1）弯曲：将毛坯或半成品制件沿弯曲线弯成一定角度和形状的成形工序。
2）卷边：把板料端部弯曲成接近封闭圆筒的成形工序。
3）扭曲：给毛坯以扭矩，使其扭转成一定角度的制件或半成品的成形工序。

4）拉深：把毛坯拉压成空心体，或者把空心体拉压成外形更小而板厚没有明显变化的空心体的成形工序。

5）反拉深：凸模从初拉深所得的空心毛坯的底部反向加压，完成与初拉深相反方向的再拉深，使毛坯内表面翻转为外表面，从而形成更深的制件的成形工序。

6）变薄拉深：凸凹模之间间隙小于空心毛坯壁厚，把空心毛坯加工成侧壁厚度小于毛坯壁厚的薄壁制件的成形工序。

7）胀形：使空心毛坯内部在双向拉应力作用下，产生塑性变形，取得凸肚形制件的成形工序。

8）整形：将制件校正成准确的形状和尺寸的成形工序。

9）缩口：使空心毛坯或管状毛坯端部的径向尺寸缩小的成形工序。

10）扩口：使空心毛坯或管状毛坯端部的径向尺寸扩大的成形工序。

11）翻边：使毛坯的平面部分或曲面部分的边缘沿一定曲线翻起竖直边的成形工序。

12）压凸：在坯料上压出凸包，使起伏处产生塑性变形的成形工序。

13）压筋：在坯料上压出筋条，使起伏处产生塑性变形的成形工序。

14）翻孔：在预先制好孔的半成品上或未经制孔的板料上冲制出竖立孔边缘的成形工序。

15）校平：将坯料或工件不平的面予以压平的成形工序。

16）压印：在工件表面上打上数字、说明等标记的成形工序。

17）拉桥：在坯料上拉出桥位，使起伏处产生塑性变形的成形工序。

18）去毛刺：沿坯料或工件的轮廓线将锐边或毛刺拍去的成形工序。

19）倒角：沿坯料或工件的轮廓线将锐边冲塌的成形工序。

20）冲敲落孔：沿不封闭轮廓将部分板料切开并使其易于手工分离的成形工序。

表 2-2 成形工序相关术语与对照简图

成形工序相关术语	对 照 简 图
弯曲	
卷边	
扭曲	

（续）

成形工序相关术语	对照简图
拉深	
反拉深	
变薄拉深	
胀形	
整形	
缩口	
扩口	

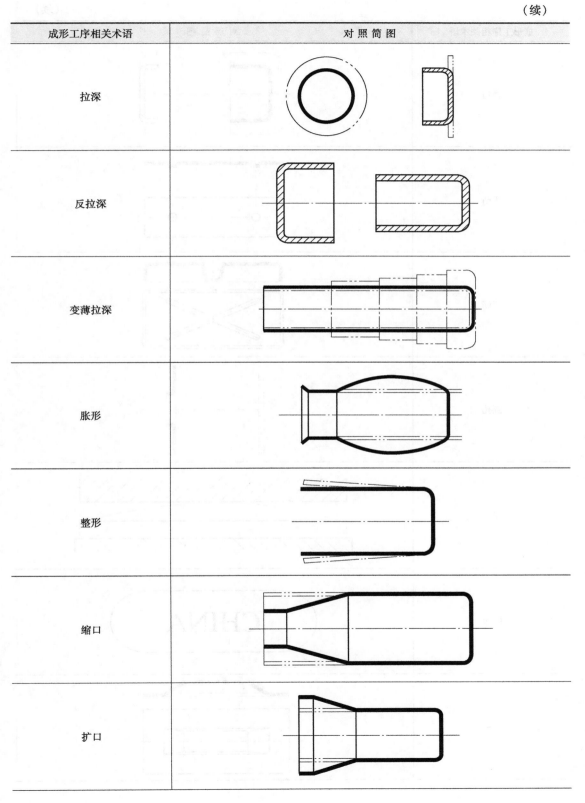

(续)

成形工序相关术语	对照简图
翻边	
压凸	
压筋	
翻孔	
校平	
压印	
拉桥	

(续)

成形工序相关术语	对照简图
去毛刺	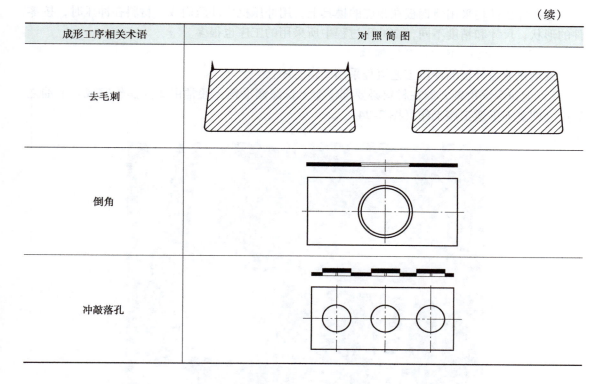
倒角	
冲敲落孔	

三、典型零件的冲压工艺流程

卷材经过开卷、校平和落料后进入冲压生产线（图2-23）。冲压车间置备的大小不一的模具，就是用来压制轿车上各种冲压件的。复杂的冲压件往往需要几副模具，经过几道工序才能完成。

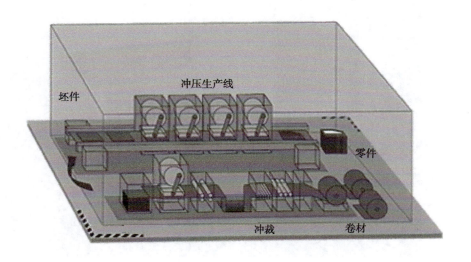

图2-23　冲压生产线示意图

这些冲压件均采用薄钢板在相应的模具上，用冲压机床冲压而成，材料在冲压时，按零件的形状、尺寸和精度不同，在冲压过程中所采用的工序也很多。

1. 发动机舱盖外板冲压工艺流程

发动机舱盖外板的冲压工艺流程采用 5 道工序：

1）上拉深润滑剂，即在材料必要部位涂上拉深润滑剂，通常由 2 人操作完成。上油之后应立即进入下道工序工作（图 2-24）。

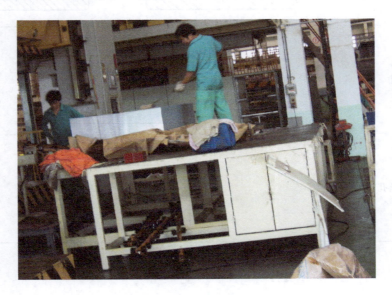

图 2-24　上拉深润滑剂

2）拉深，在双动压力机上拉深，通常由 4 人操作完成，每次行程 1 件（图 2-25）。

图 2-25　工人在冲压流水线工作

3）切边、冲孔，在单动压力机上切边、冲孔，通常由4人操作完成，每次行程1件。

4）切边、翻边，在单动压力机上翻边、切边，通常由4人操作完成，每次行程1件。

5）翻边，在单动压力机上翻边，通常由2人操作完成，每次行程1件。

将冲好的发动机舱盖外板放入专用物料架。图2-26所示为专用物料架。

图2-26 专用物料架

第一道工序上拉深润滑剂主要是防止板料拉深时因摩擦而产生裂缝，令钢板镀锌后拉深性能低，因此必须使用拉深润滑剂。其余工序为分离工序和变形工序。

2. 左前门外板冲压工艺流程

左前门外板冲压工艺流程采用6道工序：

1）上拉深润滑剂。

2）拉深，在单动压力机上拉深，由4人操作完成，每次行程1件。

3）冲孔，在单动压力机上冲孔，由4人操作完成，每次行程1件。

4）切边、冲孔，在单动机上切边、冲孔，由4人操作完成，每次行程1件。

5）成形、翻边，在单动机上翻边，由4人操作完成，每次行程1件。

6）成形，在单动压力机上成形，由4人操作完成，每次行程1件。

第一道工序上拉深润滑剂主要是防止板料拉深时因摩擦而产生裂缝，令钢板镀锌后拉深性能低，因此必须使用拉深润滑剂。其余工序为分离工序和变形工序。

四、宝马汽车侧围的冲压工艺流程

宝马汽车侧围的冲压工艺流程如图2-27所示。

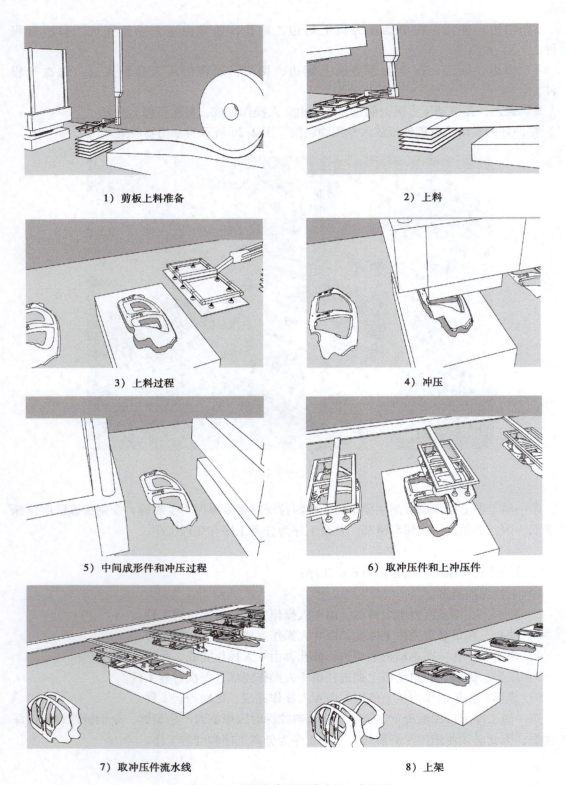

图 2-27　宝马汽车侧围的冲压工艺流程

第四节 典型车身冲压模具

一、拉深模

拉深模主要由固定座、压边圈、顶出器、凸模和凹模5个部件组成。图2-28所示为拉深模组件。

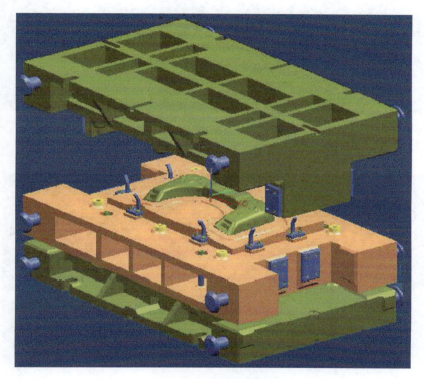

图2-28 拉深模组件

1. 凸模及其他组件（图2-29）

自润导板：主要起导向作用，材质通常是HT300。

调整垫块：主要用来调整凸模及压边圈，使其敦实，材质通常是45钢。

铸入式起重棒：主要用于起吊模具，材质通常是45钢。

2. 压边圈及其他组件（图2-30）

压边圈本体：材质通常采用钼铬合金铸铁。

压力调整垫：用来调整压边力等，材质通常是45钢。

定位板组件：主要用于毛坯板料的定位，材质通常是Q235。

安全螺栓合件：主要是防止压边圈在受力时抬得过高。

3. 凹模及其他组件（图2-31）

凹模本体：材质通常采用钼铬合金铸铁。

图 2-29 凸模及其他组件

图 2-30 压边圈及其他组件

压印标记销：主要用来检测试模时模具是否合到底，还可以区分左右件，材质通常是 Cr12MoV，通常安装在制件上比较接近平面的地方。

排气管：主要用于排气，材质通常为直径为 6mm 的铜管，安装在适当位置即可。

每个制件的汽车模具成功与否，最主要的是看能否拉出合格的拉深件。

二、修边模

一般所称的修边模包括了修边冲孔模，冲孔合并在修边中时，对于修边模的结构影响不大，只是增加冲孔凸模、凹模和凸模固定座。修边冲孔模是汽车冲模中第二套模具，修边冲孔模的好坏直接影响装车后的效果。图 2-32 所示为汽车后门柱外板垂直修边冲孔模。

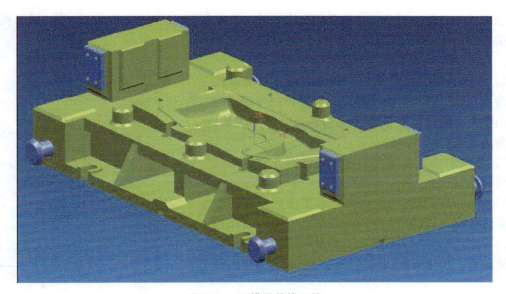

图 2-31　凹模及其他组件

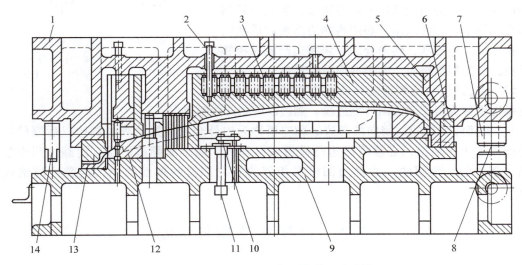

图 2-32　汽车后门柱外板垂直修边冲孔模

1—上模座　2—卸料螺钉　3—弹簧　4—卸料板　5—导板　6—凹模镶块组　7—导柱　8—导套
9—下模座　10—顶出器　11—顶出气缸　12—凸模镶块组　13—废料刀组　14—限位器

根据修边镶块的运动方向，修边模可分为以下 3 类：

1）修边镶块与压力机方向一致作垂直运动的修边模称为垂直修边模。

2）修边镶块作水平或倾斜运动的修边模称为斜楔修边模。

3）一些修边镶块作垂直方向运动，而另一些修边镶块作水平或倾斜方向运动的修边模称为垂直斜楔修边模。

三、翻边模

翻边模是覆盖件冲压的关键工序之一。覆盖件上的翻边除焊接和装配的要求以外，还可以增加覆盖件的刚性强度，使覆盖件边缘光滑、整齐和美观，图 2-33 所示为翻边模结构。

根据翻边模的特点和复杂程序，翻边模可分为 6 类。

1）翻边凸模或翻边凹模作垂直方向运动的翻边模称为垂直翻边模。这类冲模结构简单，制件翻边后包在凸模上，退料时要推翻边的边，且必须同时推，否则会造成退料后的制件变形。

2）翻边凹模单面向内作水平或倾斜方向运动的翻边模称为斜楔翻边模。

3）翻边凹模对称两面向内作水平或倾斜方向运动的翻边模称为斜楔两面开花翻边模。翻边以后翻边件包在翻边凸模上，无法取出，因此必须将翻边凸模做成活动的，扩张成翻边形状，这类冲模的结构比较复杂。

4）翻边凹模三面或封闭向内作水平或倾斜方向运动的翻边模称为斜楔圆周开花翻边模。翻边以后制件包在凸模上，无法取出，必须将翻边凸模做成活动的，扩张成翻边形状，转角处的一块翻边凸模靠相邻的开花凸模的斜面挤出，这类冲模结构复杂。

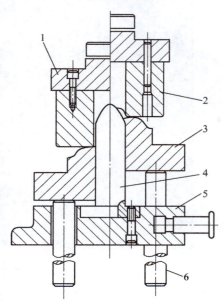

图 2-33 翻边模结构
1—上模座 2—凹模 3—托料板
4—翻边凸模 5—下模座 6—顶杆

5）翻边凹模对称两面向外作水平或倾斜方向运动的翻边模称为斜楔两面向外翻边模。翻边以后制件能够取出。

6）覆盖件窗口的封闭向外翻边的翻边模称为内外全开花翻边模。翻边以后制件包在翻边凸模上无法取出，必须将翻边凸模做成活动的，缩小成翻边形状，而翻边凹模是扩张向外翻边的，角部的一块翻边凹模靠相邻的开花凹模的斜面挤出，这类冲模结构很复杂。

第五节　冲压质量检验与安全

一、冲压件常见缺陷及原因分析

1. 冲裁件的常见缺陷及原因分析

冲裁件常见缺陷有：毛刺、制件表面翘曲和尺寸精度超差。

（1）毛刺　在板料冲裁中毛刺的产生，不仅会使冲裁以后的变形工序由于产生应力集中而容易开裂，同时也会给后续工序毛坯的分层带来困难。大的毛刺容易把手划伤；焊接时两张钢板接合不好，易焊穿，焊不牢；铆接时则易产生铆接间隙或引起铆裂。因此，出现允许范围以外的毛刺是极其有害的。

产生毛刺的原因主要有以下几个方面：冲裁间隙过大、过小或不均匀；刃口磨损变钝或啃伤；冲裁状态不当；模具结构不当；材料不符工艺规定；制件的工艺性差。

对已经产生的毛刺可用锉削、滚光、电解和化学处理等方法来消除。

（2）制件表面翘曲　材料在与凸模、凹模接触的瞬间首先要拉伸弯曲，然后剪断、撕裂。由于拉伸、弯曲、横向挤压各种力的作用，使制件展料出现波浪形状，制件因而产生翘曲。

制件表面翘曲产生的原因有以下几个方面：间隙过大，则在冲裁过程中，制件的拉伸、弯曲力大，易产生翘曲；凹模洞口有反锥产生的翘曲；制件结构形状产生的翘曲；材料内部应力产生的翘曲；由于油、空气和接触不良产生的翘曲。

（3）尺寸精度超差　尺寸精度超差产生的原因有以下几个方面：模具刃口尺寸制造超差；冲裁过程中的回弹、上道工序的制件形状与下道工序模具工作部分的支承面形状不一致，使制件在冲裁过程中发生变形，冲裁完毕后产生弹性回复，因而影响尺寸精度；板形不好；多工序的制件由于上道工序调整不当或圆角磨损，破坏了变形时体积均等的原则，引起了冲裁后尺寸的变化；由于操作时定位不好，或者定位机构设计得不好，冲裁过程中毛坯发生了窜动；由于剪切件的缺陷（棱形度、缺边等）而引起定位的不准，引起尺寸超差；冲裁顺序不对。

2. 弯曲件的常见缺陷及原因分析

弯曲件常见缺陷有：形状与尺寸不符、弯曲裂纹、表面擦（拉）伤等。

（1）形状与尺寸不符　形状与尺寸不符的主要原因是回弹和定位不当。解决的办法除采取措施以减少回弹外，提高毛坯定位的可靠性也是很重要的，通常采用以下两种措施：①利用气垫、橡皮或弹簧产生压紧力，在弯曲开始前就把板料压紧；②采用可靠的定位方法。

（2）弯曲裂纹　影响弯曲裂纹产生的因素是多方面的，主要有：材料塑性差；弯曲线与板料轧纹方向夹角不符合规定；弯曲半径过小；毛坯剪切和冲裁断面质量差；凸凹模圆角半径磨损或间隙过小，进料阻力增大；润滑不够，摩擦力较大；料厚尺寸严重超差，进料困难；酸洗质量差。

（3）表面擦（拉）伤　表面擦伤的主要原因是模具工作部分选材不当，热处理硬度低，凹模圆角磨损、表面粗糙度差，弯曲毛坯表面质量差（有锈、结疤等），材料厚度超差，工艺方案选择不合理，缺少润滑等。

3. 大型曲面拉深件常见缺陷及原因分析

大型曲面拉深件常见的缺陷有：裂纹和破裂、起皱、棱线不清、刚性差、表面划痕（拉伤）、表面粗糙和滑移线等。

（1）裂纹和破裂　裂纹和破裂产生的原因主要是由于局部毛坯受到的拉应力超过了强度极限。具体影响的原因有：材料的冲压性能不符合工艺要求；板料厚度超差；材料表面质量差；压料面的进料阻力过大；局部拉深量太大，拉深变形超过了材料变形极限；在操作中，把毛坯放偏，造成一边压料过大，一边压料过小；不按工艺规定涂润滑剂，后阻力增大，造成进料困难而开裂；冲模安装不当或压力机精度差，引起间隙偏斜，造成进料阻力不均。

（2）起皱　起皱产生的原因主要是局部毛坯受压引起失稳和材料流向不均引起局部材料堆积。具体原因有以下几个方面：制件的冲压工艺性差，冲压方向和压料面形状确定不当，很难控制材料的流动速度，引起皱纹；压料面的进料阻力太小，进料过多而起皱；压料面接触不好，严重时造成里松外紧；涂拉深润滑剂过多；外滑块调整不当，造成倾斜，使各处压料面压力不均，松的地方易起皱。

（3）棱线不清　制件从外表观察，要求棱线清晰。如果压力机的压力不够，则在拉深成形中，在材料变形过程终止时，得不到足够镦死的压力，则棱线不清。另外，冲模的导向不好，工作部分间隙不均匀，或凸模及凹模安装不正确（倾斜），压力机的平行度不好也能引起棱线不清。

（4）刚性差　刚性差的主要原因除制件工艺性不好外，主要是压料面的进料阻力太小，材料塑性变形不够。此时可考虑增加拉深筋或将圆式拉深筋改为坎式拉深筋，以增大进料阻力。这也是单动压力机拉深出来的制件的刚度比双动压力机拉深出来的制件差的原因。

（5）表面划痕（拉伤）　表面划痕通常由如下原因造成：凹模圆角部分表面粗糙度不符合要求，这样在拉深过程中材料被划伤，并有可能使材料黏附在凹模上，而形成划痕；脏物落入凹模中或拉深润滑剂不干净，也会划伤制件表面；如果压料面是由镶块组成的，则若镶块结合不好，也会造成划痕；由于工艺补充部分过小，通过凹模口的划痕没有被切去。

（6）表面粗糙和滑移线　表面粗糙的缺陷是材料本身晶粒度过大引起的；滑移线是滑移晶面与晶体表面形成的台阶。

二、冲压件质量检验

目前对于高度自动化汽车制造企业，冲压件已开始广泛采用在线检测设备，它能高效快速地反映产品质量问题。但不少企业仍然采用专用的检测夹具或目测、手摸、油石打磨等方法检查各种表面缺陷和尺寸缺陷，以控制工序间的产品质量。冲压件缺陷等级通常划分为A级、B级、C级3种（表2-3）。

表2-3　冲压件缺陷等级划分

缺陷等级划分	缺陷认定标准
A级缺陷	超出规定很大的偏差，没有经验的顾客也能发现的缺陷，该缺陷能引起严重的功能障碍（如渗水），危及整车安全性
B级缺陷	一般指用油石磨件检验之前就能摸出或看出的表面缺陷
C级缺陷	在目视难以发现或手摸较难确认的情况下，经过油石磨过冲压件后便能看到的缺陷

冲压件质量检查主要有外观检查和尺寸检验。

1. 外观检查

冲压件的外观检查包括以下几个方面的内容：毛刺、起皱、拉毛、压痕、凸包、锈蚀、麻点、裂纹、圆角的光顺性等。

（1）外观检验方法　外观检验方法主要有触摸检查、油石打磨、柔性纱网的打磨和涂油检查。

1）触摸检查（图2-34）：用干净的纱布将外覆盖件的表面擦干净。检验员需戴上纱手套沿着零件纵向紧贴零件表面触摸，这种检验方法取决于检验员的经验，必要时可用油石打磨被探知的可疑区域并加以验证，但这种方法不失为一种行之有效的快速检验方法。

2）油石打磨（图2-35）：用干净的纱布将外覆盖件的表面擦干净。正常使用的打磨用油石尺寸为（20×13×100）mm或更大，有圆弧的地方和难以接触到的地方用相对较小的油石打磨（例如8mm×100mm的半圆形油石）。油石粒度的选择取决于粗糙度、镀锌等表面状况，正常建议用细粒度的油石。

油石打磨的方向基本上沿纵向进行，并且要求很好地贴合零件的表面，部分特殊的地方还可以补充进行横向打磨。

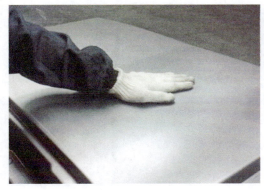
图 2-34 触摸检查

图 2-35 油石打磨

3）柔性纱网的打磨（图 2-36）：用干净的纱布将外覆盖件的表面擦干净。用柔性纱网紧贴零件表面沿纵向打磨至整个表面，任何麻点、压痕会很容易地被发现，不建议用此方法检验瘪塘、波浪等缺陷。

4）涂油检查：用干净的纱布将外覆盖件的表面擦干净。用干净的刷子沿着同一个方向均匀地涂油至零件的整个外表面。把涂完油的零件放在高强度的灯光下检查，建议把零件竖在车身位置上。用此法可很容易地发现零件上微小的麻点、瘪塘、波纹。

（2）外观缺陷检查标准及描述

1）裂纹（图 2-37）。检查方法：目视。

对于外覆盖件，任何裂纹都是不可接受的。对于内覆盖件，仅细微的裂纹允许补焊返修处理，但返修部位必须满足冲压件的返修标准。

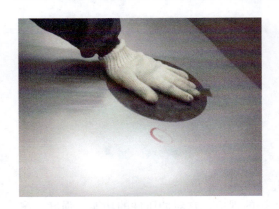
图 2-36 柔性纱网的打磨

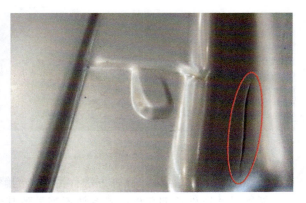
图 2-37 裂纹

2）缩颈（图 2-38）。检查方法：目视、剖解。

缩颈是冲压件成形过程潜在的危险破裂点，对冲压件的功能、强度、耐疲劳度有着至关重要的影响。根据缩颈的程度可判定冲压件是否合格、返修、报废等。

3）坑包（图2-39）。检查方法：目视。

坑包的存在严重影响覆盖件油漆后的外观质量，大面积的坑包还会影响制件强度、疲劳度，无法修复。

图2-38　缩颈　　　　　　　　　　　图2-39　坑包

4）变形（图2-40）。检查方法：目视、油石打磨、触摸、涂油。

对于直接可以看到的突起、凹陷、波浪、瘪塘等变形，可定为A类缺陷，必须立即对冲压件进行冻结；对于要通过直接触摸才确定的变形，可定为B类缺陷；对于只有在油石打磨后才看得出的变形，定为C类缺陷。

5）麻点（图2-41）。检查方法：目视、油石打磨、触摸、涂油。

如果麻点集中，超过整个面积2/3都分布有麻点，则定为A类缺陷；如果麻点可看到、可摸到，则定为B类缺陷；如果打磨后可见单独分布的麻点，麻点间距离大于300mm，则定为C类缺陷。

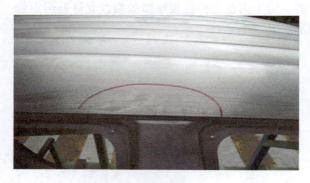 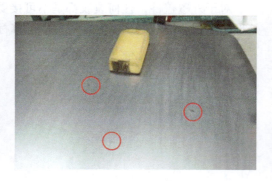

图2-40　变形　　　　　　　　　　　图2-41　麻点

6）锈蚀（图2-42）。检查方法：目视、剖解。

锈蚀是冲压件长期存放或者存放不当导致其生锈的现象，它对冲压件的功能、强度、耐疲劳度有着至关重要的影响。

7）材料缺陷。检查方法：目视。

材料缺陷是指材料强度不符合要求，板材自身存在痕迹、重叠、桔皮、有条纹、镀锌表面疏松（图2-43）、镀锌层剥落等。

图 2-42 锈蚀

图 2-43 镀锌表面疏松

8）起皱（图 2-44）。检查方法：目视。

外覆盖件不允许存在可见起皱，内覆盖件不允许存在严重的起皱从而导致材料叠料。

9）毛刺（图 2-45）。检查方法：目视。

毛刺的长度要求小于板料厚度的 10%，通常小于 2mm；任何影响焊接搭边贴合程度的毛刺都是不可接受的；任何容易导致人身伤害的毛刺都是不可接受的；任何影响零件定位及装配的冲孔毛刺都是不可接受的。

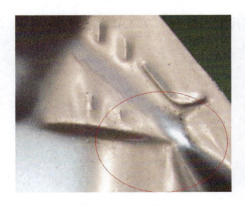

图 2-44 起皱

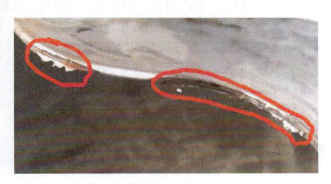

图 2-45 毛刺

10）拉毛、压痕及划伤（图 2-46）。检查方法：目视。

外覆盖的外表面不允许存在拉毛、压痕及划伤；外覆盖件的内表面不允许存在影响外表面质量的划伤、压痕。内覆盖件表面不允许存在潜在的导致零件拉裂的严重划伤、压痕。

11）圆角不顺（图 2-47）。检查方法：目视、检具测量。

圆角不顺是指圆角半径不够均匀，不够清晰光顺。外覆盖件不允许存在圆角不顺，内覆

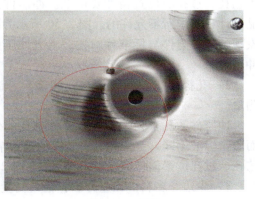

图 2-46 划伤

盖件的一些装配面、搭接面的圆角不顺不仅影响制件外观，严重的还影响焊接、装配。

12）叠料（图2-48）。检查方法：目视。

外覆盖件不允许存在叠料缺陷，内覆盖件的不同程度的叠料缺陷会导致客户抱怨，功能类冲压件还影响制件的装配和车身强度。

图2-47　圆角不顺

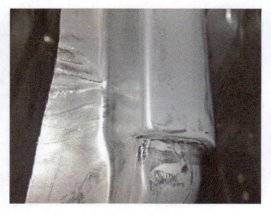

图2-48　叠料

2. 尺寸检验

（1）尺寸检验的方法

1）人工检测：利用检具、钢直尺、间隙尺、孔塞尺（图2-49）等工具，对冲压件的孔位置、大小、型面尺寸、料边等部位进行人工测量，同时结合产品样板，对冲压件的尺寸进行确认。

2）自动测量：利用三坐标、扫描等专业测量设备对冲压件孔位置、型面尺寸等进行精确测量。

（2）尺寸缺陷检查标准及描述

1）孔偏、少孔。检查方法：检具测量、三坐标测量。

通常冲压件孔的质量标准会根据孔的作用不同而不同，定位孔、安装孔的位置精度要求高，一般工艺孔、过孔的位置精度要求低。冲压件少孔是产品设计和要求所不允许的。图2-50所示为孔检查后发现的孔缺陷件与标准件对比，上方冲压件为少孔冲压件。

2）孔径不符。检查方法：间隙尺、游标卡尺测量。

图2-49　孔塞尺

冲压件的孔直径偏差大小，根据孔的作用不同而质量标准不同。定位孔、安装孔的偏差精度高低直接决定了整车的装配性能好坏。一般工艺孔、过孔位置偏差精度要求相对低。图2-51所示为使用孔塞尺检测孔径。

3）少边、多料。检查方法：检具测量，间隙尺、钢直尺、三坐标测量。

图 2-50 孔缺陷件与标准件对比

图 2-51 使用孔塞尺检测孔径

冲压件少边、多料在不同类别的冲压件上影响程度大不相同。例如：焊接边少边影响焊点分布和操作，压合边少边（图 2-52）和多料影响压合后总成质量。

4）型面尺寸不符。检查方法：检具测量，间隙尺、钢直尺、三坐标测量。

由于设计、规划等工艺水平有限，冲压件型面尺寸偏差是避免不了的，但是其偏差的大小直接决定了整车的外观配合、冲压件匹配、零部件装配等质量水平。

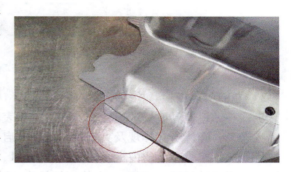

图 2-52 压合边少边

（3）典型检具的使用 图 2-53 所示为左前门检具，该检具可以检验左前门总成和左前门内板。

1）左前门总成检具检验步骤。

步骤一，将检具放置平稳，清除干净工作表面。

步骤二，确认所有样规及夹紧器均处于开启（非工作）位置。

步骤三，检验左前门总成。使用编号为 A1、A3、A5、A7、A9、A10 的支撑点作为支撑，检测测量间隙 $t = 5mm$。

步骤四，清除左前门总成油污，将检测件对准 B、C 基准，轻放在检具上，然后用 A 基准相对应夹紧器夹紧产品件。该步骤要注意将检测件与检具型面贴服摆放，轻拿轻放，避免冲压件磕碰变形及损坏检具。

步骤五，将样规 4~10 置于工作位置后锁紧。

步骤六，按照相关技术文件的要求，用检具型面块和样规检查被检部件的面位置度和面轮廓度。车门外板包边处的面位置应和检具型面块高度平齐，轮廓边缘应距离检具型面块 5.0mm，根据几何尺寸公差图给定的公差判定是否合格。

步骤七，检验完毕后，将所有样规和夹紧器置于开启（非工作）位置，将被检部件小心、平稳地从检具移开。

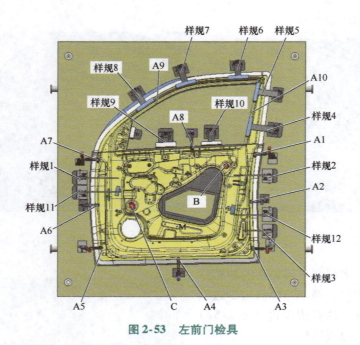

图 2-53 左前门检具

2）左前门内板检具检验步骤。

步骤一，将检具放置平稳，清除干净工作表面。

步骤二，确认所有样规及夹紧器均处于开启（非工作）位置。

步骤三，检验左前门内板。使用编号为 A1、A2、A3、A4、A5、A6、A7 的支撑点作为支撑，检测测量间隙 $t=5.7$mm；使用编号为 A8 的支撑点为支撑，检测测量间隙 $t=5$mm。

步骤四，将产品件对准 B、C 基准，轻放在检具上，然后用 A 基准相对应夹紧器夹紧产品件。

步骤五，样规 1～3 置于工作位置后锁紧。

步骤六，按照相关技术文件的要求，用检具型面块和样规检查被检部件的面位置度和面轮廓度。内板包边处的面位置应低于检具型面块 0.7mm，轮廓边缘距离检测应按相关标定的距离值检测，根据几何尺寸公差图给定的公差判定是否合格；用检验销检查被检部件的孔位置度。

步骤七，用目视法检查划线轮廓边及各划线孔位置偏差。

步骤八，检验完毕后，将所有样规和夹紧器置于开启（非工作）位置，将被检部件小心、平稳地从检具移开。

三、冲压车间安全

冲压加工是一种高效率的加工，由于工作环境较差、操作频繁、动作重复等原因，操作者容易产生精神紧张和疲劳以致发生人身、模具以及设备事故。因此，保证职工安全生产，建立良好的劳动环境和工作秩序是安全生产的重要内容。

冲压车间的事故主要有以下几个方面：

1. 在凸、凹模之间发生的模具事故

压力机开机工作以前，必须认真检查限位块上的安装块是否取下并放在适当的位置，模

腔内是否有异物，是否偏件，确认无误后方可开机生产，否则，就会将冲头崩断或将模具压裂，后果严重。

2. 板材超差引起的模具事故

在工作中，如果所使用的板材超差或双张，则会导致凸、凹模间隙变大或将凹模胀裂。

3. 模具安装不当引起的模具事故

模具安装时，一定要将模具放正，将压板螺栓拧紧，且使数目符合要求，否则压力机工作时上下模容易改变凸、凹模间隙造成严重后果。

4. 天车起吊不当引起的事故。

起重工在吊钢丝绳时，不论是模具、工位器具还是料拍，一定要挂4个起吊钩，不容许只对角挂，否则会引起吊物翻转、半空中掉下等事故。

5. 操作者工作疏忽引起的人身事故

冲压操作危险性较强，操作者工作时必须集中精力、正确操作，正确利用安全装置进行安全防范。对冲压车间操作人员具体安全要求如下：

1）调整压力机必须有压机操作证。
2）操作时一定要戴工作手套、护腕，穿工作鞋、工作服，手腕、手臂均不能外露。
3）凡在机床上操作的要操作双手开关。
4）双手开关与机床保持的安全距离标准为双手开关底座碰到废料槽盖板。
5）人体部位进入模具时必须关闭机床电动机，且必须把安全撑柱放入模具中。
6）严禁用铁片等物塞住双手开关进行操作。
7）严禁在飞轮不装罩壳的机床上操作。
8）操作时，零件进出模具必须注意防止零件击伤他人。
9）发现模具中有零件突然下落时，必须立即放双手开关或按下机床紧急停车按钮，使机床立即停止工作。
10）为防止料片倒下伤人，料片堆放不能太高，通常不超过350mm。
11）主操作手启用自动夹紧装置时，其他人应配合注意夹紧器工作是否正常，并不得用手触摸夹紧装置。
12）机床润滑次数达不到规定次数时，不得用铁皮条塞住复位开关而强行开动机床。

习　题

1. 汽车车身由哪几部分组成？
2. 解释 st1203 的意义。
3. 解释闭式四点双动压力机的意义。
4. 简述对汽车车身覆盖件的要求。
5. 简述汽车车身冲压生产特点。
6. 简述半机械化生产线、机械化生产线和全自动化生产线的区别。
7. 简述落料开卷自动线的工作流程。
8. 简述冲压车间废料处理的一般过程。
9. 简述冷冲模的基本结构。

10. 冲压工艺流程分为哪两大工序？各工序含哪些工艺？
11. 简述发动机舱盖外板冲压工艺流程。
12. 汽车典型冷冲模有哪些？其作用是什么？
13. 简述修边模的分类？
14. 冲压表面质量缺陷有哪些？
15. 简述冲压车间常见事故及排除方法。

第三章 白车身焊接

汽车车身由不同的金属构件及覆盖件组成,例如车身框架由上边梁、下边梁、纵梁、横梁和立柱等金属构件所组成;车身蒙皮由顶盖、翼子板和隔板等覆盖件所组成。汽车制造企业将这些零部件焊接在一起,就构成了一个完整的车身。图3-1所示为白车身车间示意图。

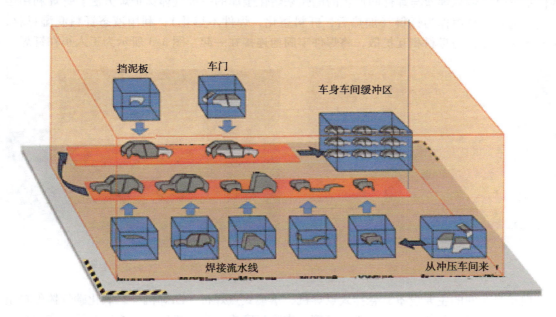

图3-1 白车身车间示意图

焊接是现代机械制造业中一种必要的工艺方法,在汽车制造业中得到了广泛的应用。汽车的发动机、变速器、车桥、车架、车身和车厢六大总成都离不开焊接技术的应用。在汽车零部件的制造中,涉及点焊、凸焊、缝焊、滚凸焊、焊条电弧焊、二氧化碳气体保护焊、氩弧焊、气焊、钎焊、摩擦焊、电子束焊和激光焊等焊接方法,由于点焊、气体保护焊、钎焊具有生产量大、自动化程度高、高速、低耗、焊接变形小、易操作的特点,因此,对汽车车身薄板覆盖零部件的焊接特别适合,在汽车生产中应用最多。在投资费用占比中,点焊约占75%,其他焊接方法只占25%。

本章我们主要介绍电阻焊和气体保护焊。

第一节　白车身焊接概述

一、白车身车间

白车身车间有分拼、总拼、四门二盖和装配调整 4 个工段。分拼工段负责拼装前围、左右侧框和前底板；总拼工段负责拼装后围和车身；四门二盖工段负责拼装左右前后车门、发动机舱盖和行李舱盖；装配调整工段则负责前 3 个工段拼装的各车身部件的整车装配调整工作。

白车身车间的主要生产工艺有焊接（拼装）、装配和调整，其中最主要的生产工艺是焊接，焊接方法有点焊、二氧化碳气体保护焊和钎焊等。点焊是通过施加在点焊电极间的电流将零件的接触表面熔化，然后在压力作用下将零件的接触表面熔结在一起的焊接方法，主要用于车身构件及车架的焊接，图 3-2 所示为车身点焊。二氧化碳气体保护焊是用二氧化碳作为保护气体，依靠焊丝与焊件间产生的电弧来熔化金属的一种气体保护焊方法。钎焊利用熔点比母材低的金属作为钎料（加热后，钎料熔化，焊件不熔化），利用液态钎料润湿母材，填充接头间隙并与母材相互扩散，将焊件牢固地连接在一起，图 3-3 所示为工人正在钎焊。

图 3-2　车身点焊

图 3-3　工人正在钎焊

白车身车间的主要设备有悬挂式点焊机、落地式点焊机、凸焊机、二氧化碳气体保护电焊机、螺柱焊机。其他设备有压机、烘箱、中频打磨机、抛光机等。主要工艺设备有装配流水线和焊接流水线。焊机及焊接流水线主要用于焊接拼装，压机、烘箱用于门（车门）、盖（发动机舱盖、行李舱盖）的压边及烘干，装配流水线及打磨机、抛光机等用于整车的装配及外覆盖件的返修调整。

二、汽车工业焊接发展趋势

1. 发展自动化柔性生产系统

纵观整个汽车工业的焊接现状，不难分析出汽车工业的焊接发展趋势为大力发展自动化柔性生产系统。而因工业机器人集自动化生产和灵活性生产特点于一身，故轿车生产近年来大规模、迅速地使用了工业机器人。在焊接方面，主要使用的是点焊机器人和弧焊机器人。

机器人可操纵各种点焊焊炬，实施点焊焊接。机器人可以操纵重达150kg的大型焊钳对底板等零件进行点焊，也可以利用微型焊钳对车身总装如侧围和后轮罩连接处等空间小而且位置复杂的焊点进行焊接。机器人通过切换系统可以更换焊炬，进行各种位置的点焊，焊点的质量高且稳定，图3-4所示为点焊机器人工作部位与机器人手臂。

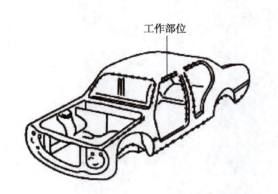
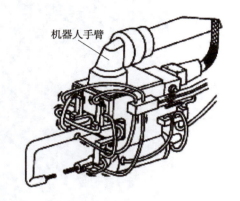

图3-4　点焊机器人工作部位与机器人手臂

焊接生产线要高度自动化，需广泛采用六自由度的机器人，且要求机器人具有焊钳储存库，可根据焊装部位的不同要求或焊装产品的变更，自动从储存库抓换所需焊钳。传输装置则已发展为采用无人驾驶的更具柔性化的感应导向小车。

2. 发展轻便组合式智能自动焊机

国内汽车焊接水平与国外相比差距很大。近年来，国内的汽车制造厂都非常重视焊接的自动化，例如一汽引进的捷达车身焊装车间的13条生产线的自动化率达80%以上。各条生产线都由计算机（可编程序控制器PLC-3）控制，自动完成工件的传送和焊接。机器人的动作采用点到点的序步轨迹，具有很高的焊接自动化水平，既改善了工作条件，提高了产品质量和生产率，又降低了材料消耗。图3-5～图3-8所示为机器人焊接流水线。

图3-5　机器人焊接流水线（一）

图 3-6　机器人焊接流水线（二）

图 3-7　机器人焊接流水线（三）

三、宝马汽车的焊接流程

宝马汽车的焊接流程如图 3-9 所示。

图 3-8 机器人焊接流水线（四）

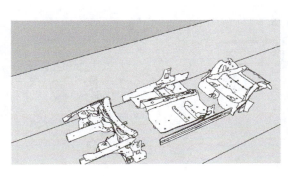

1）分拼底板

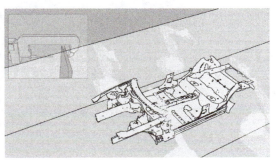

2）准备焊接

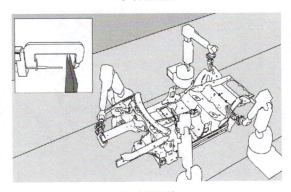

3）底板焊接

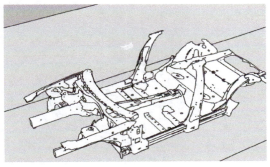

4）焊接 B 柱

图 3-9 宝马汽车的焊接流程

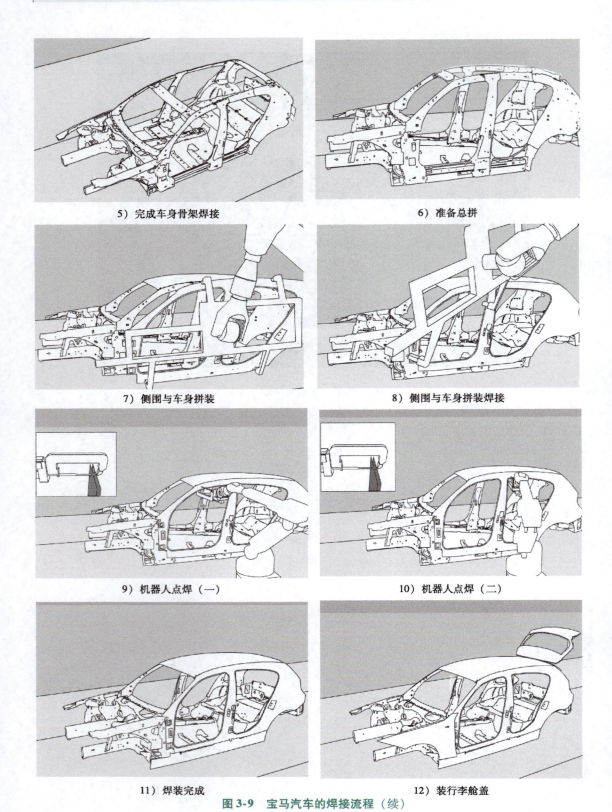

图 3-9　宝马汽车的焊接流程（续）

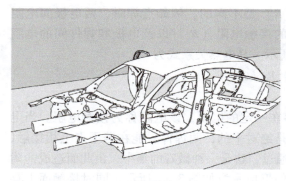
13）装两后门

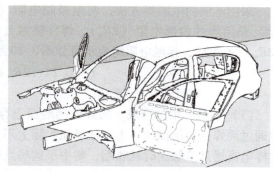
14）装两前门

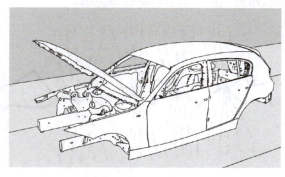
15）装发动机舱盖

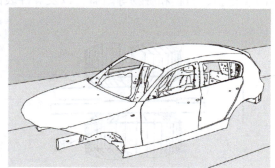
16）车身焊装完成

图3-9　宝马汽车的焊接流程（续）

第二节　电　阻　焊

电阻焊是利用电流通过焊件时所产生的电阻热加热焊件的接合处，在其金属达到塑性状态或熔化状态时施加一定的压力，使焊件牢固地连接在一起的一种焊接方法。

电阻焊应用范围很广泛，在汽车、拖拉机、飞机制造、电真空器件和仪表制造等工业部门中，电阻焊是重要的焊接工艺之一。

一、电阻焊的焊接原理

1. 电阻焊的热过程

点焊时，对焊件的加热是利用电流直接通过焊件内部及焊件间接触电阻产生的热量来实现的。热量的大小是根据焦耳-楞次定律来确定的，因此电阻焊的发热量应符合焦耳-楞次定律。其关系式为

$$Q = 0.24I^2Rt$$

式中　Q——所产生的热量（J）；

　　　I——两电极之间的电流（A）；

　　　R——两电极之间的电阻（Ω）；

　　　t——通电时间（s）。

采用不同的电阻焊方法，两电极间电阻（R）是不同的。例如点焊时，两电极间电阻（R）是由焊件内部电阻（$2R_n$）、焊件接触处的接触电阻（R_z）以及电极和焊件间的电阻（$2R_{zj}$）所组成，接触电阻组成示意如图3-10所示。其电热关系式为

$$Q = 0.24(2R_n + R_z + 2R_{zj})I^2 t$$

2. 接触电阻

（1）接触电阻的形成　两焊件接触面上存在一定的电阻，该电阻称为接触电阻。当电流通过两焊件接触面时，由于接触面实际上不是绝对平的，两焊件只能在若干点上相接触，这样电流通过接触面时就收缩，集中于这些点通过，这是一种微观的集中，由此而造成的附加电阻是形成接触电阻的主要部分，接触电阻的形成示意如图3-11所示。同时接触面上存在的氧化膜、油膜和脏物等阻碍，以及焊件表面吸附的气体，也会形成接触电阻。

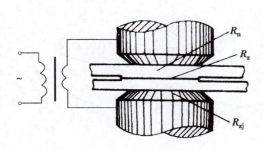

图3-10　接触电阻组成示意

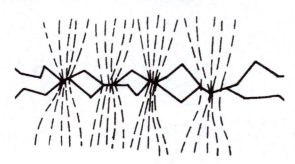

图3-11　接触电阻的形成示意

当两焊件通过一定电流时，接触面上首先被加热到较高温度，因而较早达到焊接温度。所以电阻焊是通过焊件接触面上产生的电阻热作为主要热源的。

（2）影响接触电阻大小的因素　接触电阻的大小与电极压力、材料性质、焊件表面状况以及温度有关。任何能够增大实际接触面积的因素，都会减少接触电阻。

随着电极压力的增大，焊件表面的凸出点被压平，氧化膜也会被破坏，接触面积随之增加，接触电阻就减小。

焊件表面存在的氧化物、脏物越多，尤其是存在导电性很低的氧化物时，接触电阻越显著增加。

在焊接过程中，随着焊件温度的上升，材料强度会逐渐下降，压力将造成更大的接触面积，同时焊件表面上阻碍导电的物质也易被挤走，所以随着温度的上升，接触电阻将急剧下降。

3. 焊点的形成过程

焊点形成有三个阶段：

（1）预压阶段　为避免接触电阻过大而使焊件烧穿或将电极工作表面烧坏，一定要在焊件受到预压作用后方可通电。

（2）焊接通电加热阶段　预压阶段结束后，开始通电加热时，在压力的作用下该处金属会发生塑性变形，晶粒破碎，在高温下破碎的晶粒强烈地进行再结晶，使焊件通过相互结晶形成共同晶粒，即完成塑性状态下的焊接。随着温度升高，塑性状态区域向四周扩展，中心部分开始出现熔化区，由于熔化区域被环状的塑性焊接区域（即所谓的塑性环）所包围

（图3-12），因此熔化的金属不至于在压力作用下被挤出而造成飞溅，以后熔化区和塑性环均应不断扩大，但塑性环始终包围着熔化区，使加热过程正常进行。

（3）锻压（维持）阶段　当切断焊接电流后，电极继续对焊点进行挤压的工序称为锻压。

加热结束后，因为焊核周围冷却条件好，故首先凝固，这使包围熔化区周围的金属外壳的刚性得到加强，中心部分凝固收缩时遇到更大的阻力。在断电后继续施加压力，可以克服凝固阻力，防止缩孔、裂纹的产生，形成机械性能高的焊点。

二、电阻焊的分类

在工业中广泛采用的电阻焊的方法有点焊、缝焊和对焊3种。这里只重点介绍点焊。

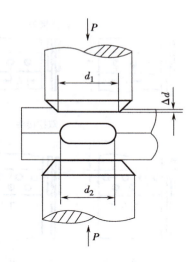

图3-12　焊点的形成过程示意

P—电极压力　d_1—电极与工件接触直径

d_2—焊点直径

点焊的接头形式是搭接。点焊时，将焊件压紧在两圆柱形电极间，并通以很大的电流，利用两焊件接触电阻较大、产生的热量大的条件，迅速将焊件接触处加热到熔化状态，形成液态熔池（焊核），当液态金属达到一定数量后断电，在压力的作用下，使其冷却凝固形成熔核（图3-13）。

点焊主要用于带蒙皮的骨架结构，例如汽车驾驶室、客车厢体和飞机翼尖翼肋等。

1. 点焊的电极

电极的作用是向焊接区传导电流、传递压力以及导散焊件表面的热量。电极的质量直接影响焊接过程、生产率和焊接质量，所以要求电极有高的导电性和导热性，且在焊接过程中发热量要小；必须具有很高的硬度，特别是在高温下仍然要保持较高的硬度；同时不应与焊件形成合金，在焊接过程中不应氧化。点焊

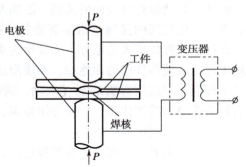

图3-13　点焊示意

时，常用的电极材料有纯铜电极、镉青铜电极和铬青铜电极。

（1）纯铜电极　纯铜具有良好的导电性和导热性，但由于硬度和屈服强度较低，因此寿命很短。纯铜电极适用于工作量不大的轻合金焊件的焊接。

（2）镉青铜电极　镉青铜具有较好的力学性能和导电性（为纯铜的90%），常用来制造焊接黑色金属的电极和有色金属电极。

（3）铬青铜电极　铬青铜具有相当高的硬度，并有良好的导电性和较好的抗氧化能力，它的使用寿命长，因此被广泛用于耐热钢和不锈钢的焊接。

2. 点焊的接头形式

点焊时工件采用的接头形式如图3-14所示，分为单剪搭接、双剪搭接、带垫片对接以及弯边搭接几种，其中单剪搭接接头应用最广。

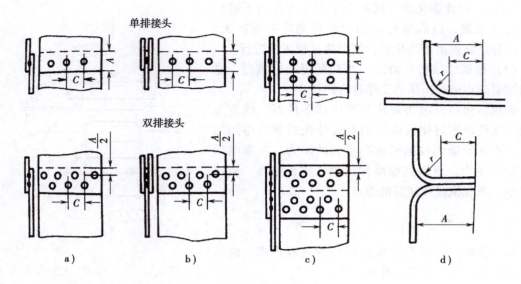

图 3-14 点焊时工件采用的接头形式
a) 单剪搭接 b) 双剪搭接 c) 带垫片对接 d) 弯边搭接
A—搭接重叠宽度 C—焊点之间距离 r—弯边弧度半径

3. 焊件的焊前清理

焊前必须清除焊件表面的油脂、脏物及氧化膜。因为这类杂质的存在，会使焊件与焊件间、焊件与电极间的接触电阻显著增加，甚至出现局部不导电，破坏电流和热量的正常分布；在电流密度特别大的地方，会发生金属局部熔化、飞溅和表面过热或烧穿焊件。如果氧化膜太厚，会使焊件接触面绝缘，不能形成焊点。

清理前，应选用有机溶剂（汽油、丙酮等）或碱性溶液除去焊件表面的油漆和油脂，然后再去除表面的氧化膜，一般可用纱布、铜丝刷或喷砂处理。

4. 点焊焊接参数的选择

点焊时，主要的焊接参数有焊接电流、通电时间、电极接触面积和电极压力等。点焊焊接参数的选择主要用实验法，即试焊、检验，最后确定焊接规范。常用的低碳钢点焊焊接参数见表3-1。

表 3-1 低碳钢点焊焊接参数

焊件厚度/mm	焊接电流/A	通电时间/s	电极压力/N	电极工作表面直径/mm
0.3	3000~4000	0.06~0.20	300~400	3.0
0.5	3500~5000	0.08~0.30	400~500	4.0
0.8	5000~6000	0.10~0.30	500~600	5.0
1.0	6000~8000	0.20~0.50	800~900	5.0
1.5	7000~9000	0.30~0.70	1400~1600	6.0
2.0	8000~10000	0.40~0.80	2500~2800	8.0
3.0	12000~16000	0.80~1.50	5000~5500	10

5. 点焊基本操作

点焊的基本操作步骤如下：

1）启动点焊机。首先合上电源开关，再打开冷水开关，并检查排水管出水口是否有水溢出；然后打开电源开关，按要求调节气压，并检查电极的相互位置及表面状态，调整电极，使上、下电极接触表面对齐同心，且贴合良好。按给定的焊接参数在控制箱中调整选定的位置。

2）在焊件上划焊点位置线。

3）进行点焊。

① 不通电操作：将上、下电极表面对准划好的焊点位置，在焊机不通电的情况下，将电极下压，使上、下电极表面的中心线重合于焊件的每个横线和竖线的交点上。压接完毕后，检查压点位置的准确性，随后可在不通电状态下移动焊件。

② 通电操作：在焊机接通电源后，将焊件放在下电极上，踩下脚踏开关，并立即抬脚，使焊机通电一次便形成一个焊点，如果踩下脚踏开关不抬脚，即可连续形成焊点。

4）检查焊点质量。可采用撕破检查法检查焊点质量，当焊点撕开后，检查焊点直径，若不小于电极端部直径的75%，即认为焊点质量合格。

注意：

点焊时飞溅严重，甚至使工件烧穿造成严重质量事故的主要原因是：

1）焊接规范选择不当。
2）电极末端形状不正确，或两电极有偏差。
3）焊件在两电极中安放倾斜、焊件表面处理不良或表面污染等。

三、电阻焊的设备

目前在生产中的电阻焊焊机种类很多，按其用途可分为点焊焊机、缝焊焊机和对焊焊机等。

1. 点焊机的分类

1）按使用的电源不同，可分为工频（即50Hz的交流电源）点焊机、脉冲点焊机、直流冲击波点焊机、电容储能式点焊机以及变频点焊机（包括高频点焊机和低频点焊机）等。

2）按加压机构传动方式的不同，可分为脚踏杠杆式点焊机、电动凸轮式点焊机、气压传动式点焊机、液压传动式点焊机以及复合式（如气压-液压式）点焊机等。

3）按电极的运动形式不同，可分为垂直行程式点焊机和圆弧行程式点焊机（图3-15、图3-16）。

4）按一个焊接周期完成的焊点数不同，可分为单点式点焊机（如常用

图3-15 垂直行程式点焊机

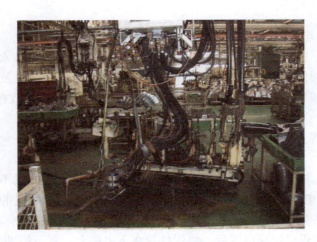

图 3-16　圆弧行程式点焊机

的 DN2 系列点焊机)、双点式点焊机和多点式点焊机（如汽车制造专用的 DN13 系列多头点焊机）。

5）按焊机安装形式的不同，可分为固定式点焊机、移动式点焊机和悬挂式点焊机。

2. 点焊机的主要技术数据

常用 DN2 系列气压传动点焊机技术数据见表 3-2。

表 3-2　DN2 系列气压传动点焊机主要技术数据

型号 参数	DN2-25	DN2-50	DN2-75	DN2-100	DN2-200	DN2-400
额定容量/kVA	25	50	75	100	200	400
初级电压/V	380	380	380	380	380	380
初级电压范围/V	1.54~3.0	2.09~4.18	3.12~6.24	3.65~7.3	4.42~8.85	5.24~10.84
次级电压调节级数	8	8	8	8	16	16
暂载率（%）	20	20	20	20	20	20
电极最大力/N	4000	6000	6600	6600	14000	32000

3. 点焊机常见故障及排除方法

点焊机常见故障及排除方法见表 3-3。

表 3-3　点焊机常见故障及排除方法

故障特征	产生原因	排除方法
焊接时无焊接电流	（1）焊接程序循环停止 （2）焊接变压器初级或次级绕组断路	（1）检查时间调节器电路 （2）检查和清洁电路
焊接时电极不下降	（1）脚踏开关损坏 （2）压缩空气压力调节过低 （3）气缸机械卡死	（1）修理脚踏开关 （2）调高压力 （3）拆修气缸

(续)

故障特征	产生原因	排除方法
焊件大电流烧穿	(1) 预压时间过短 (2) 电极下降速度太慢 (3) 焊接压力未加上 (4) 上、下电极不对中心 (5) 焊件表面不清洁	(1) 调节预压时间，使其大于电极下降时间 (2) 检查气阀是否正常，气缸活塞是否张紧 (3) 检查电极间距离是否太大，气路压力是否正常 (4) 校正电极 (5) 清理焊件

4. 电阻焊机的使用和维护

电阻焊机操纵机构如图 3-17 所示。

1) 焊机工作前，应对各有关传动部分加油，保证润滑良好。
2) 焊机通水后方可进行操作。
3) 要经常保持接触器触点清洁。
4) 电极与焊件接触处应保持光洁，必要时应用细砂纸磨光。
5) 焊后应及时清理焊机上的飞渣，防止金属飞渣落入焊接变压器线圈中发生短路。
6) 焊机在 0℃ 以下工作完毕后，应使用压缩空气吹除冷却管路中的冷却水。

图 3-17 电阻焊机操纵机构

第三节 气体保护焊

气体保护焊适用于绝大多数金属材料的焊接，目前在焊接生产中应用很广。本节主要介绍气体保护焊的概念及常用的二氧化碳气体保护焊的基本知识。

一、气体保护焊概述

气体保护焊是以电弧作为热源的熔化焊焊接方法，它与手工电弧焊和埋弧焊同属于电弧焊的范畴。在电弧焊中，为防止焊接区金属被空气中的氧、氮等有害气体侵入而发生氧化，需对焊接区加以保护。手工电弧焊和埋弧焊采用渣-气联合保护的方式，而气体保护焊则只采用气体保护的形式。

手工电弧焊与埋弧焊以熔渣保护为主，一般适用于焊接碳钢、合金钢等，而对于各种有色金属、高合金钢和稀有金属等材料的焊接比较困难。采用气体保护的气体保护焊能可靠地保证焊接质量，从而弥补手工电弧焊和埋弧焊的局限性。同时，气体保护焊在薄板焊接、高效焊接方面具有独特的优越性，因此在焊接生产中的应用日益广泛。

1. 气体保护焊的原理

以外加气体作为电弧介质并保护电弧及焊接区的电弧焊法，称为气体保护焊。在气体保护焊焊接时，保护气体从焊炬喷嘴中连续不断地喷出，机械地将空气与焊接区隔绝，使电极端部、弧柱区和熔池金属处于保护气罩内，形成局部气体保护层，从而保证焊接过程的稳定性，并获得质量优良的焊缝。

气体保护焊按电极是否熔化可分为两种：不熔化极气体保护焊和熔化极气体保护焊，如图 3-18 所示。

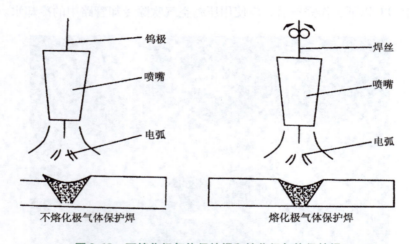

图 3-18　不熔化极气体保护焊和熔化极气体保护焊

不熔化极气体保护焊采用一根不熔化的电极，因电极只起导电作用，通常用金属钨作为电极材料（钨的熔点很高），因此常称为钨极气体保护焊。

熔化极气体保护焊采用一根或多根熔化电极，电极不仅起导电作用，而且作为填充金属形成焊缝，故常称为焊丝。在焊接过程中焊丝由送丝机构不断向熔池送进，保证焊接过程的连续性。

2. 气体保护焊的特点

在焊接过程中，气体保护焊的保护气体是以一定压力向外喷射的，不受空间位置的限制，适用于全位置焊接，有利于实现机械化和自动化焊接；其采用明弧焊，无焊渣，熔池可见度良好，便于操作；由于保护气体的压缩作用，使电弧热量集中，熔池和热影响区很小，零件变形及裂纹倾向小，对薄板焊接非常有利；在焊接过程中，可采用氩、氦等惰性气体保护，对活泼金属具有很好的保护作用，焊接质量高。其缺点是：气体保护焊是室外作业，需有专门的防风措施,否则会影响气体保护效果;电弧光辐射较强;焊接设备较复杂。

3. 保护气体的种类

常用的保护气体主要有:氩气(Ar)、氦气(He)、氢气(H_2)和二氧化碳(CO_2)等。既可使用单一气体,也常采用混合气体,以提高电弧的稳定性,改善焊接效果。

不同种类的保护气体,其物理、化学性质不同,适用于不同种类金属的焊接。

氩气、氦气是惰性气体,适用于化学性质较活泼的金属,例如铝、镁、钛及其合金等的焊接。氦气价格昂贵,很少单独使用,常和氩气等气体混合使用。

氮气、氢气是还原性气体。氮可同多数金属起反应,是焊接中的有害气体,但它不溶于铜,对铜而言它实际上是惰性的,所以可用于铜合金的焊接。氢气主要用于氢原子焊,目前这种方法已很少使用。

二氧化碳是氧化性气体,成本低,目前主要用于碳钢和低合金钢的焊接。

4. 气体保护焊的分类

根据电极是否熔化,气体保护焊可分为不熔化极(钨极)气体保护焊和熔化极气体保护焊;按照保护气体的种类不同可分为氩弧焊、氦弧焊、氢原子焊和二氧化碳气体保护焊等;按操作方式不同可分为手工、半自动和自动气体保护焊。

二、二氧化碳气体保护焊

1. 概述

二氧化碳气体保护焊是用二氧化碳作为保护气体,依靠焊丝与焊件间产生的电弧来熔化金属的一种气体保护焊方法,简称 CO_2 焊。

(1)CO_2 焊的焊接过程 CO_2 焊的焊接过程如图 3-19 所示。

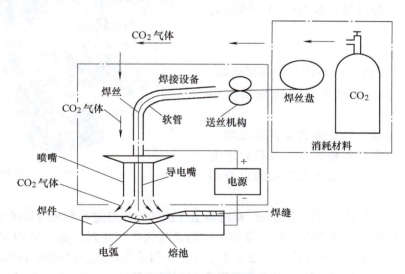

图 3-19 CO_2 焊的焊接过程

CO_2 焊的焊接设备主要由电源、焊炬、送丝系统和供气系统等组成。其电源的两端接在焊炬与工件上,盘状焊丝由送丝机构送入焊炬导电嘴内,随焊接过程的进行,焊丝不断向熔池送进,同时,保护气体由供气系统经过焊炬嘴不断喷出,形成保护气流,防止空气侵入熔池和电弧区内。随着焊炬的移动,熔池金属冷却,形成焊缝,焊件被焊接在一起。

按操作方式不同,CO_2 焊可分为半自动 CO_2 焊和自动 CO_2 焊。半自动 CO_2 焊的送丝、送气由机械装置自动进行,焊炬的移动由手工操作,机动性大,适用于不规则或较短焊缝的焊接。而自动 CO_2 焊的送丝、送气和焊炬的移动均由机械装置自动进行,适用于较长的直线焊缝和圆弧形焊缝的焊接。

根据所用焊丝的直径不同,CO_2 焊可分为细丝 CO_2 气体保护焊(焊丝直径为 0.5~2.0mm)和粗丝 CO_2 气体保护焊(焊丝直径为 1.6~5mm)。

(2) CO_2 焊的特点 CO_2 焊除具有气体保护焊的一般特点,例如焊接应力与变形小、适用于全位置焊接等外,还有如下特点:

由于 CO_2 气体来源广、价格低、焊接耗电少,故成本低,约为手工电弧焊的 40%;对铁锈敏感性小,不易产生气孔;焊缝含氢量低,抗裂性好;焊接电流密度大,生产率较高,通常比手工电弧焊高 1~4 倍,但大电流焊接时飞溅较多,影响焊缝表面成形;CO_2 气体具有较强的氧化性,不能焊接易氧化的有色金属材料;在焊接中易使合金元素烧损,还易产生气孔和飞溅,需在焊丝中加硅、锰等脱氧元素,需选用合理的焊接参数,并保证 CO_2 气体的纯度,防止产生气孔。

CO_2 焊的熔滴过渡主要有两种形式,即短路过渡和颗粒过渡。细丝 CO_2 焊多采用短路过渡形式,由于短路频率高,所以其电弧稳定、飞溅小、焊缝成形良好,适用于薄板焊接和全位置焊接。粗丝 CO_2 焊时常采用颗粒过渡形式,其过渡过程的稳定性较差、飞溅大、焊缝成形较粗糙,多用于中、厚板的焊接。

图 3-20 CO_2 焊焊接设备

2. 焊接设备

CO_2 焊焊接设备(图 3-20)由焊接电源、焊炬、送丝机构、供气系统和控制系统等组成。

(1) 焊接电源 CO_2 焊的焊接电源均为直流电源,通常为弧焊整流器,并且要求电源具有平硬的外特性,以加强电弧的自身调节作用。

(2) 焊炬 焊炬的主要作用是向焊接区输送保护气流并稳定可靠地向焊丝导电。

(3) 送丝机构(图 3-21) 半自动 CO_2 焊的送丝为等速送丝,送丝应均匀平稳。其送丝方式有拉丝式、推丝式和推拉式(图 3-22)3 种,目前推丝式送丝机构应用较多。

(4) 供气系统 供气系统的作用是将保存在钢瓶中的液态 CO_2 在需用时变成有一定流量的气态 CO_2,由焊炬喷嘴喷出。供气系统主要由气瓶、干燥器、预热器、减压器和流量计等组成(图 3-23)。图 3-24 所示为汽车厂使用的 CO_2 气体保护焊供气系统。

(5) 控制系统 控制系统的作用是对供气、送丝和供电等进行控制。

图 3-21　送丝机构

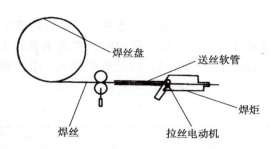

图 3-22　推拉式送丝机构

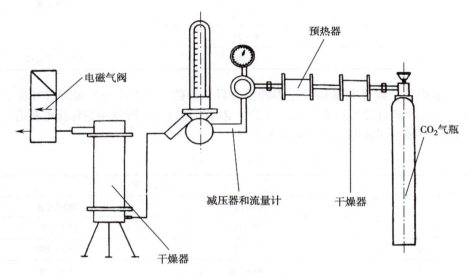

图 3-23　供气系统示意

图 3-24　汽车厂使用的 CO_2 气体保护焊供气系统

3. 焊接参数

（1）焊丝直径　焊丝直径应根据焊件厚度、焊接位置及质量要求进行选择。当焊接薄板或中厚板立、横、仰焊时，多选用直径 1.6mm 以下的细焊丝，中厚板平焊可选用直径 1.2mm 以上的焊丝。焊丝直径越大，生产率越高，但飞溅也增多，焊缝成形变差，焊丝直径选择见表 3-4。

表 3-4　焊丝直径选择

焊丝直径/mm	焊件厚度/mm	焊接位置
0.8	1～3	各种位置
1.0	1.5～6	
1.2	2～12	
1.6	6～25	
≥1.6	中厚	平焊、平角焊

（2）焊接电流　焊接电流是 CO_2 焊的重要焊接参数，其大小应根据焊件厚度、焊丝直径、焊接位置和熔滴过渡形式来选择。对于一定的焊丝直径，所使用的焊接电流有一定的范围，不同焊丝直径的焊接电流范围见表 3-5。

表 3-5　不同焊丝直径的焊接电流范围

焊丝直径/mm	焊接电流/A	
	短路过渡	颗粒过渡
0.8	50～100	150～250
1.0	70～120	150～300
1.2	90～150	160～350
1.6	140～200	200～500
2.0	160～250	350～600

（3）电弧电压　电弧电压必须与焊接电流配合恰当，其大小会影响到焊缝成形、熔深、飞溅、气孔及电弧的稳定性。通常细丝焊接时电弧电压为 16～24V，粗丝焊接时电弧电压为 25～36V。当采用短路过渡时，电弧电压与焊接电流有一个最佳配合范围，见表 3-6。

表 3-6　短路过渡时电弧电压与焊接电流的最佳配合范围

焊接电流/A	电弧电压/V	
	平焊位置	立焊和仰焊位置
75～120	18.0～21.5	18.0～19.0
130～170	19.5～23.0	18.0～21.0
180～210	20.0～24.0	18.5～22.0
220～250	21.0～25.0	19.0～23.5

（4）焊接速度　焊接速度过快，易产生咬边、未熔合等缺陷，且气体保护效果差，可

能出现气孔；焊接速度过慢，则易产生烧穿，焊件变形增大，生产率降低。一般焊接速度在 15~40m/h。

（5）焊丝伸出长度　焊丝伸出长度取决于焊丝直径，一般为焊丝直径的10倍，且不超过15mm。

（6）CO_2气体流量　CO_2气体流量应根据焊接电流大小、焊接速度、焊丝伸出长度和喷嘴直径等选择，过大、过小都会影响保护效果。一般细丝焊接时CO_2气体流量为6~15L/mm，粗丝焊接时为20~30L/mm。

（7）电源极性　为了减少飞溅，保证焊接电弧的稳定性，CO_2焊应选用直流反接。

（8）回路电感值　当CO_2焊采用短路过渡时，回路中的电感值是影响焊接过程稳定性及焊缝熔深的主要因素之一，在焊接中应根据焊丝直径和电弧电压来选择回路电感值。电感值通常随焊丝直径增大而增加，可通过试焊法来确定。若焊接过程稳定，飞溅很少，则说明电感值合适，不同直径焊丝的电感值可参考表3-7。

表3-7　不同直径焊丝的电感值

焊丝直径/mm	0.8	1.2	1.6
电感值/mH	0.01~0.08	0.10~0.16	0.30~0.70

除上述一些主要参数外，焊炬倾角、焊缝坡口和焊接位置等对焊接过程都有影响，在应用中应根据具体情况来选择。

4. CO_2焊操作技术

（1）基本操作技术

1）引弧。CO_2焊一般采用接触短路法引弧。引弧前应调节好焊丝的伸出长度，引弧时应注意焊丝和焊件不要接触太紧，使焊丝端头与焊件保持2~3mm的距离。如果焊丝端部有粗大的球形头，应剪去。

2）熄弧。当焊接要结束时，不要立即熄弧，否则会在熄弧处留下弧坑，并且易产生裂纹、气孔等缺陷。熄弧时应在弧坑处稍作停留，待弧坑填满后再缓慢抬起焊炬，以使熔池金属在凝固前仍受到良好保护。

（2）焊缝的连接　焊缝接头的连接一般采用退焊法，其操作方法与手工电弧焊相同。

（3）左焊法和右焊法　CO_2焊的操作方法按焊炬移动方向不同可分为左焊法和右焊法（图3-25）。右焊法加热集中，热量可以充分利用，熔池保护效果好，而且由于电弧的吹力作用，可将熔池金属推向后方，能够得到外形饱满的焊缝，但焊接时不便确定焊接方向，容易焊偏，尤其是对接接头。左焊法电弧对焊处具有预热作用，能得到较大熔深，焊缝成形得到改善。左焊法观察熔池较困难，但可清楚地观察待焊部分，不易焊偏，所以CO_2焊一般都采用左焊法。

（4）运丝方式　运丝方式有直线移动法和横向摆动法。直线移动法焊出的焊道狭窄，主要应用于薄板和打底层焊接；横向摆动法运丝是在焊接过程中焊丝以焊缝中心线为基准两侧横向交叉摆动，常用的方式有锯齿形、月牙形、正三角形和斜圆圈形，与手工电弧焊相似。

锯齿形摆动方式常用于根部间隙较小的开坡口焊接；月牙形摆动方式常用于填充层和厚板的焊接；正三角形和斜圆圈形摆动方式常用于角接头和多层焊。

(5) 各种位置的焊接操作特点

1) 平焊。平焊一般采用左焊法，焊丝前倾角 $-10°\sim-15°$。薄板和打底层的焊接采用直线移动运丝法焊接，坡口填充层焊接时可采用横向摆动运丝法焊接。

2) T形接头和搭接接头的焊接。焊接 T 形接头时，易产生咬边、未焊透和焊缝下垂等缺陷，操作中应根据板厚和焊脚尺寸来控制焊炬角度。不等厚板的 T 形接头平角焊时，要使电弧偏向厚板，以使两板受热均匀。等厚板焊接时焊炬的工作角度为 $40°\sim50°$（与水平板夹角），前倾角为 $-10°\sim-15°$。当焊脚尺寸不大于 5mm 时，可将焊炬对准焊缝根部，如图 3-26 中的 A 所示；当焊脚尺寸大于 5mm 时，可将焊炬水平偏移 $1\sim2$mm，如图 3-26 中的 B 所示。

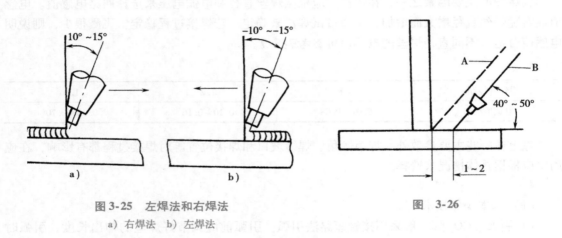

图 3-25 左焊法和右焊法
a) 右焊法 b) 左焊法

图 3-26

3) 立焊。CO_2 焊的立焊有两种方式，即向上立焊法和向下立焊法。向上立焊时，由于重力作用，熔池金属易下淌，加上电弧吹力作用，熔深大，焊道较窄，故一般不采用这种操作法。若采用 1.6mm 以上的焊丝，以颗粒过渡方式焊接，则可采用向上立焊法。为了克服熔深大、焊道窄而高的缺点，宜用横向摆动运丝法，用于焊接厚度较大的焊件。

CO_2 焊采用细丝短路过渡向下立焊时，可获得良好的效果。焊接时，CO_2 气流有承托熔池金属的作用，使它不易下坠，操作方便，焊缝成形美观，但熔深较浅。向下立焊法宜用于薄板焊接，焊丝直径在 1.6mm 以下时，焊接电流不大于 200A，向下立焊时 CO_2 气体流量应比平焊时稍大些。

立焊的运丝方式：直线移动运丝法用于薄板对接的向下立焊、向上立焊的开坡口对接焊的第一层和 T 形接头立焊的第一层。向上立焊的多层焊，一般在第二层以后采用横向摆动运丝法。为了获得较好的焊缝成形，向上立焊的多层焊多采用正三角形摆动运丝法，也可采用月牙形横向摆动运丝法。

4) 横焊。横焊时的焊接参数与立焊基本相同，焊接电流可比立焊时稍大些。横焊时由于重力的作用，熔池易下淌，产生咬边、焊瘤和未焊透等缺陷，因此需采用细丝短路过渡方式焊接，焊炬一般采用直线移动运丝方式。为防止熔池温度过高而产生熔池下淌，焊炬可小幅前后往复摆动。横焊时焊炬的工作角度为 $75°\sim85°$（向下倾斜），前倾角为 $5°\sim15°$。

第四节 其他焊接技术

一、激光焊接

在汽车工业中,焊接是一个关键环节,采用恰当的焊接方式可以提高车身抗碰撞能力、降低车身质量、降低造车成本和油耗以及简化总装工序等。电阻焊是当今最普遍的焊接方式之一,但是专家预言在未来的 5~10 年中这种方式将被淘汰,而金属填充气体保护焊也将失去其以往的重要性,与之相反,激光焊接成为热门话题。对于已被使用数年的传统焊接工艺来说,很难再对其工艺过程、焊接速度和质量进行改进;但对于激光拼焊来说,却有着极大的提升空间。激光焊接越来越受到汽车制造厂的重视。图 3-27 所示为车身正在进行激光焊接。

图 3-27 车身正在进行激光焊接

1. 激光焊接简介

激光焊接是 21 世纪汽车工业上应用的新技术。它采用偏光镜反射激光产生的光束,使其集中在聚焦装置中产生巨大能量,例如激光束在聚焦点上的直径为 0.3~0.5mm,可得到超过 $106~108W/cm^2$ 的光强,如果焦点接近工件,工件表面会产生极高温度,在几毫秒内熔化,达到熔化结合的物理变化,也就是起到了点焊的作用,但是焊接的牢固性超过普通的点焊。有人比喻,点焊是将两块钢块结合在一起,但钢板之间有缝隙,受到一定外力的冲击时,钢板之间会因焊点的强度不够而断裂,而激光焊接是将两块钢板的分子熔合在一起,也就是说将两块钢块"合二为一",焊接后的两块钢板强度相当于一块钢板。

激光焊接设备的关键是大功率激光器,主要有两大类,一类是固体激光器,又称 Nd:YAG 激光器。Nd(钕)是一种稀土元素,YAG 代表钇铝石榴石,其晶体结构与红宝石相似。Nd:YAG 激光器波长为 $1.06\mu m$,优点是产生的光束可以通过光纤传送,因此可以省去复杂的光束传送系统,适用于柔性制造系统,通常用于焊接精度要求比较高的工件。汽车工业常用输出功率为 3~4kW 的 Nd:YAG 激光器。另一类是气体激光器,又称 CO_2 激光器,它将分子气体作为工作介质,产生平均波长为 10.6μm 的红外激光,可以连续工作并输出很高的功率,激光功率在 2~5kW 之间,目前已有 20kW 在实验运用。

机器人激光焊系统由激光器、冷却系统、热交换器、光缆转接器、激光电缆、激光加工镜组和机器人等部分组成。

2. 激光焊接优点

激光焊接的特点是被焊接工件变形极小,几乎没有连接间隙,焊接深度/宽度比高,例如焊缝宽1mm,深为5mm,因此焊接极为牢固,表面焊缝宽度很小,连接间隙实际为零,焊接质量比传统方法高。所以在一些用激光焊接的汽车顶壳上是不需要用装饰条遮蔽焊接线的,例如上海大众的帕萨特和波罗汽车。在汽车制造中,激光焊接主要用于车身框架结构的焊接,例如顶盖与侧面车身的焊接,传统焊接方法的电阻点焊已经逐渐被激光焊接所取代。用激光焊接技术,既提高了工件表面的美观度,又降低了板材使用量,由于零件焊接部位几乎没有变形,不需要焊后热处理,还提高了车身的刚度。

激光焊接与其他焊接方法相比,具有很多独特优势,主要体现在以下几方面:

(1) 对最终车身质量的减轻　在汽车结构件的应用中,使用激光拼焊板,消除了使用多余加强件的需要,从而带来整体车身质量的降低。通过在一块钢板中使用不同材料和厚度进行组合可以大大简化整体车身的结构。

(2) 减少汽车零部件的数量　通过激光焊接,轿车车体的结构精度可以得到大大提高,许多冲压设备和加工工序可以得到缩减。以门内板的应用为例,在车身设计中,该零件对于冲压成形性能要求较高,这就意味着需要采用软一点的和薄一点的材料。然而,在门内板的前部,在铰链与门相连接的部位又需要足够的强度来承受门的频繁使用。在传统工艺方法中,就需要使用加强板来增强门内板这一地方的强度,这件多余的部件在车间中则需要众多的工序来完成加工。而现在,通过使用激光拼焊技术,可将一块大的、软一点、薄一点的材料与比较小的、硬一点、厚一点的材料通过激光焊接在冲压工序前就连接成一件门内板,再冲压成一件整体件,从而完全不必要使用加强件。

(3) 原材料利用率大大提高,废料大大减少　通过在结构件的特定部位有选择性地使用高强度、厚材料从而使材料的利用率大大提高。通过在落料工序中采用排料技术,可将各种各样的钢板得到合理组合从而大大降低材料工程废料率。

(4) 结构功能得到大大提高　通过使用激光拼焊技术,可将材料的强度、厚度得到合理组合,使结构的刚度得到大大改善,结构的抗腐蚀性能也得到提高。使用拼焊技术更加重要的作用是通过厚度与强度的组合,使结构件的抗碰撞性能得到大大提高。同时通过在碰撞要求高的部位使用高强钢或厚板,而在要求低的部位使用低强钢或薄板,而大大提高了汽车零部件抗碰撞的能力。激光拼焊适应了在该要加强的部位进行加强的需要,通过厚板和薄板的连接或者高强钢与低强钢的连接,大大提高了汽车安全性,且其效果优于钢板厚度或强度等级没有变化的情况。与传统点焊工艺相比,使用激光拼焊的冲压件其尺寸和形状精度也大大提高,从而使车身的装配精度得到改善,这将带来汽车噪声的降低和更少的整体装配缺陷。

(5) 为生产宽体车提供可能　由于受钢厂轧机宽度的限制,钢厂提供的板宽是有一定限度的,而随着汽车工业的发展,汽车对宽板的要求越来越高,采用激光拼焊不失为一种有效而经济的工艺方法。

(6) 提高焊接速度　激光焊接的速度很快，最快可以达到20m/min，采用激光焊接可以缩短每道工序的时间，以及将受热导致的钢板扭曲降至最小，而且还可通过减小钢板凸缘来减轻质量。由于激光焊接可以是连续焊接，因此，激光焊接还能够持续增强产品的结构性能。

3. 激光焊接在车身焊接上的应用

目前世界著名的汽车制造商如Audi、Fiat、BMW、Nissan和Toyota等都竞相在车身加工中应用激光加工技术。我国早在1993年就对1mm厚镀锌板进行了激光拼焊试验，汽车底板激光拼焊生产示范线曾列入国家"九五"攻关项目，之后长春一汽集团公司从德国引进了CO_2激光拼焊系统，进行了汽车底板拼焊生产。

激光焊和激光钎焊由于具有焊缝外形美观（图3-28）、穿透力强、热影响区小、母材烧损少、效率高和焊接强度高等优点，近年来被广泛应用于轿车生产中。目前激光焊不仅被应用于单件成形的焊接，也被大量应用在车身的总成焊接中。

激光焊接在汽车制造应用最为成功同时效益又最为明显的一项技术就是汽车车身的拼焊技术。为降低车身质量，在进行车身的设计制造时，往往根据车身不同部位的性能要求，选择钢材等级和厚度不同的钢板冲压成各个不同板件，然后通过激光裁剪和拼焊的办法完成车身某个部位的制造。

图3-28　激光钎焊焊缝

激光拼焊板的采用，不仅提高了车门部件制成品质量的稳定性，使车门部件的调校不再是个难题，同时可降低部件的质量，而且原有接缝处密封措施的省略，也使其更具有环保性。此外，拼焊板在车门上的应用还使铰接区域的刚性得到整体加强，车门的配合公差得到大幅改善。质量降低、生产工艺得到优化，则必然使成本下降。

（1）激光焊在帕萨特（Passat）车型上的应用　在焊接Passat车型的前后纵梁等冲压单件时，采用了不同板厚材料对接后再冲压成形的技术，这不仅达到了不同承载处采取不同板厚的设计要求，而且由于零件一次冲压成形，免去了多个冲压零件拼焊所造成的积累误差，大大提高了零件的尺寸精度；由于减少了部分车身的拼焊而降低了制造成本，并在一定程度上降低了车身质量；激光焊取代点焊及铜钎焊，用于Passat车顶与侧围的拼焊，解决了车顶漏水的问题，提高了车身制造精度，并大大节省了返工时间；激光钎焊技术用于后盖外板上下板间的拼焊，解决了后盖外板形状复杂给冲压带来的困难。

（2）激光焊在波罗（POLO）车型上的应用　在POLO车型的前后纵梁、B柱、前底板、四门内板等零件的焊接中，也采用了不同板厚材料激光焊后一次冲压成形的技术；在车身总成焊接中，主要应用了激光焊和激光钎焊。激光焊不仅被用于车顶与侧围的拼焊，而且被用于底板与侧围和侧围与车顶横梁的焊接。POLO三厢车上的激光焊缝长度共计7051mm，主要是侧围与底板的结合焊缝；激光钎焊焊缝长度约为2010mm，主要是车顶与侧围的焊缝。

(3) 激光焊在奥迪 A6 车型上的应用　奥迪 A6 的车身强度和刚度一直备受赞扬，国产全新奥迪 A6L 在原有基础上进行了再次改进，采用了激光拼焊技术的车身设计。新奥迪 A6L 经过强化的车身，其抗扭转强度提高了 34%。全新的车身、底盘设计加之采用先进激光焊接技术的坚固车身结构，使国产全新奥迪 A6L 在遭遇碰撞时，预测的车身变形区、侧面防撞保护梁以及合理的车内空间结构等能够为乘客提供有效保护。这些看不到摸不着的设计和选材不但能降低车辆的制造成本和重量，还能在关键时刻最大限度地保护乘客的生命安全。

激光焊接作为一种高质量、高精度和高速度的先进焊接法，已引起了广泛关注。在国外，激光焊接的研究与开发已掀起高潮，激光焊接成为最有朝气的焊接方法之一。如今中国已成为汽车生产大国，但与发达国家的汽车工业还存在巨大的差距，汽车工业是世界性的产业，为使我国的汽车工业能快速赶上发达国家水平，必须在汽车制造中采用包括激光焊接技术在内的先进加工技术。目前我国的激光焊接技术虽然有了长足的发展，但还不能满足国内汽车工业的生产要求，这就需要进一步提高国内的激光焊接技术水平，努力做到激光焊接设备国产化与商品化。

二、凸焊

1. 凸焊的特点与应用

凸焊是电阻焊的一种，是在焊接件的接合面上预先加工出一个或多个凸点，使其与另一焊接件表面相接触，加压并通电加热，凸点压溃后，使这些接触点形成焊点的焊接方法。凸焊的位置精度取决于定位销与被焊接对象之间的配合精度。凸焊是点焊的一种变形，通常是在两板件之一上冲出凸点，然后进行焊接。由于电流集中，凸焊克服了点焊时熔核偏移的缺点，因而凸焊时工件的厚度比可以超过 6∶1。

在轿车四门的结构设计中，由于门内板与门框件的连接在窗框内侧的切边尺寸很窄（约为 7mm），采用点焊工艺会有很大的困难，经常会造成半点焊、假焊或虚焊。所以在该位置处常采用凸焊技术，这很好地解决了因为边缘窄对焊点布置带来的困难，并且焊点表面无焊痕，效果非常好（图 3-29）。

凸焊具有以下优点：外覆盖件表面几乎看不见焊痕；不损坏表面镀层；焊后不需要后道打磨工序；可满足焊接对边缘尺寸的要求；可达到与电阻焊相同的焊接强度。

2. 凸焊的工艺参数及要点

凸焊的工艺参数主要有电极压力、焊接时间和焊接电流。

（1）电极压力　凸焊的电极压力取决于被焊金属的性能、凸点的尺寸和一次焊成的凸点数量等。电极压力应足以在凸点达到焊接温度时将其完全压溃，并使两工件紧密贴合。电

图 3-29　凸焊预先压痕

极压力过大会过早地压溃凸点，失去凸焊的作用，同时会因电流密度减小而降低接头强度；压力过小又会引起严重飞溅。

(2) 焊接时间　对于给定的工件材料和厚度，焊接时间由焊接电流和凸点刚度决定。在凸焊低碳钢和低合金钢时，与电极压力和焊接电流相比，焊接时间是次要的。在确定合适的电极压力和焊接电流后，再调节焊接时间，可以获得满意的焊点。如果想缩短焊接时间，就要相应增大焊接电流，但过分增大焊接电流可能引起金属过热和飞溅，通常凸焊的焊接时间比点焊长，而电流比点焊小。

(3) 焊接电流　凸焊所需电流比点焊要小。但在凸点完全压溃之前电流必须能使凸点熔化，推荐的电流应该是在采用合适的电极压力下不至于挤出过多金属的最大电流。对于一定凸点尺寸，挤出的金属量随电流的增加而增加，采用递增的调幅电流可以减少挤出金属。和点焊一样，被焊金属的性能和厚度仍然是选择焊接电流的主要依据。

多点凸焊时，总的焊接电流大约为每个凸点所需电流乘以凸点数。但考虑到凸点的公差、工件形状以及焊机次级回路的阻抗等因素，可能需要做一些调整。

凸焊时还应做到被焊两板间的热平衡，否则，在未达到焊接温度以前平板便已熔化，因此焊接同种金属时，应将凸点冲在较厚的工件上；焊接异种金属时，应将凸点冲在电导率较高的工件上，但当在厚板上冲出凸点有困难时，也可在薄板上冲凸点。

电极材料也影响两工件上的热平衡，在焊接厚度小于 0.5mm 的薄板时，为了减少平板一侧的散热，常用钨-铜烧结材料或钨做电极的嵌块。

三、螺柱焊

螺柱焊是将金属螺柱或其他类似紧固件焊接于工件上的一种焊接方法，不仅效率高，而且可以通过专用设备对接头质量进行有效控制，得到全断面熔合的焊接接头，保证接头的导热性、导电性和接头强度。一些非承重的车身构件和一些装饰件就是利用焊接螺柱被装配在车身上的，例如 ABS 模块、隔热板、部分仪表板和部分塑料件等，此外还包括汽车电气连接线的绑扎。车身上的螺柱，主要分布在前后底板、前围板和前后纵梁上（图 3-30）。

1. 螺柱焊机结构

螺柱焊机由螺柱焊炬、控制部分、送料器部分、工作部分、电路和气路组成。

螺柱焊炬主要由夹头、弹簧、磁力提升机构、阻尼机构、控制电缆、焊接电缆以及开关组成。

图 3-30　螺柱焊接效果

(1) 控制部分　其控制箱具有存储、输出数据的功能，螺柱焊机的所有参数由它控制，在它的前方有一个接口，通过它的外控制编程器可以对所需要的参数进行设定，以达到所需要的焊接效果。

(2) 送料器部分　主要由一个送料电机和一段轨道组成。送料电机首先动作，将料盒里的螺钉翻动，使它落到过道上，完成自动装料的过程。

(3) 工作部分　主要由送钉管和焊炬组成。螺钉落到轨道上后由气体推动进入送钉管，再由送钉管进入焊炬下部，然后由焊炬里的气缸动作将螺钉推向焊炬的前部，完成整个送料过程。

（4）电路　380V 的电压通过一次电缆进入控制部分后，再经过二次电缆到达焊炬，在焊接时与地线形成一条焊接回路。

（5）气路　气管里的高压气体通过软管进入附在送料器上的气动三联件中的油水分离器中，油水分离器过滤高压空气中的杂质，然后气动三联件中的调压阀根据需要调节气压的大小（气压≥0.6MPa），再将高压气体送入送钉管，最后使高压气体进入焊炬气缸里。

2. 螺柱焊焊接原理

焊炬里的螺钉先接触到工件，在焊接按钮闭合时，螺钉被焊炬提起，此时螺钉与工件之间产生电弧，然后螺钉落下来，粘在工件上，完成焊接过程。具体过程分为短路阶段、焊接起始阶段、焊接阶段和浸末阶段。

（1）短路阶段　焊接工艺的前提条件是焊接螺栓接触到工件表面，以便焊接回路随着启动命令的发出通过焊接螺栓与电器短路。

（2）焊接起始阶段　起始电流稳定后，焊炬的回程机构使螺栓离开工件引燃起始电流的电弧（即引弧）。起始电流的电弧是用来引燃主电弧的。

（3）焊接阶段　焊接起始阶段结束以后接通主焊接电流，它将强化电弧，使螺栓端面和工件表面熔化。

（4）浸末阶段　电弧在工件以及螺栓端面上生成一个熔池的过程中，回程磁铁线圈断电，螺栓这时将被压力弹簧压入熔池，随着螺栓浸入熔池，电弧熄灭，使得均匀的熔体凝固，焊炬在焊接电流关断之后离开螺栓。

3. 螺柱焊的操作步骤

（1）调整准备　依据螺栓尺寸调整好电流和燃弧时间，若螺栓焊接面的直径为 D，则焊接电流通常为（$D \times 100$）A，焊接时间为（$D \times 4$）ms。然后将待焊接螺柱装入焊炬夹头中，并将相配的陶瓷螺柱装入瓷圈夹头中。调整好螺柱伸出瓷圈的长度和提弧长度，调整焊机的电压输出。

（2）运行检查　看设备的交接班记录，了解设备状态。开机前需要检查连接焊炬、送料器与主机的各个插头是否有松动的现象。穿戴好必备的劳保用品，例如劳保鞋、工作手套等。检查地线连接是否牢靠，若有松动应立即紧固。将工件焊接处的油污擦拭干净，避免影响焊接质量。

（3）焊接操作　将焊炬置于工件上，施加预压力使焊炬内部的弹簧压缩，直到螺柱与陶瓷保护圈同时紧贴工件的表面；扣压焊炬上的扳机开关，接通焊接回路，使焊炬体内的电磁线圈励磁，此时螺柱被自动提升，在螺柱与工件之间引弧；螺柱处于提升位置时，电弧将扩展到整个螺柱端面，并使端面少量熔化，电弧热会同时使螺柱下方的工件表面熔化并形成溶池；电弧按预定时间熄灭时，电磁线圈将去磁，弹簧压力会快速地将螺柱熔化端压入溶池，焊接回路断开；稍停后，应将焊炬从焊好的螺柱上抽起，打碎并除去保护套圈。

4. 螺柱焊机的维护及保养

1）焊接过程中，必须经常检查灭弧罩内有无飞溅物，发现飞溅物较多时应及时清除，以防止灭弧罩与导电夹头之间放电短路，影响焊接质量。

2）工作完毕后，应清理焊炬内的飞溅物，擦拭焊炬及焊机，整理好工作场地。

3）严禁在同一工件上同时进行焊接作业，严禁使用同一台焊机上的两把焊炬同时进行焊接。

4）操作人员不得擅自拔插插头、打开外壳及调整焊炬。

5）焊接过程中，焊炬要轻拿轻放，严禁打碎或放置于工件和地面上。

6）主机及送料器应远离水源、热源，并放置在固定平稳处，外壳上不能放置水杯、饮料等物品。

7）焊机工作异常时，应立即找维修人员检修，待恢复正常状态以后，才能开机使用。

8）每半月应检查一次焊接结果有无超差，并根据超差情况做出调整。

9）每半月应检查一次焊接电缆连接处有无松动。

四、螺母凸焊

1. 螺母凸焊的特点与应用

螺母凸焊机与固定点焊机工作原理很相似，区别在于固定点焊机是焊接板材的，两个电极头一样，而凸焊机是焊接螺母的，所以它的下电极头有一个带弹簧的定位销，用于焊接时摆放焊接螺母。

螺母凸焊在车身焊接上的应用广泛，除了动力总成与车身采用螺栓机械连接以外，蓄电池固定块、安全带固定块和油箱固定块等也采用相同的连接方式。为了保证足够的连接强度，一般都采用凸焊的方法将螺栓连接的螺母端固定在白车身上。白车身上凸焊的螺母或螺钉，分布在前后底板、前后纵梁、侧围、四个车门、前后盖和轮罩上（图3-31）。

图 3-31 螺母凸焊效果

2. 螺母凸焊的工艺参数

螺母凸焊的工艺参数主要有电极压力、焊接时间和焊接电流。表3-8为螺母凸焊焊接初选工艺规范。

表 3-8 螺母凸焊焊接初选工艺规范

板厚/mm	凸焊模	定位销直径/mm	凸焊螺母规格	焊接电流/kA	电极压力/kN	焊接时间/ms
0.9~1.2	M4	4.8	M4	9.0~12.0	5~7	4~5
	M5	5.8	M5	9.5~12.5	5~7	4~5
	M6	6.8	M6	10.0~13.0	5~7	5~6
0.9	M8	8.8	M8	11.0~14.5	5~7	8~10
2.2	M8	8.8	M8	11.0~15.0	5~7	8~10
3	M10	10.8	M10	12.0~15.5	5~7	8~10
3.2	M12	12.8	M12	12.5~15.5	5~7	9~11

3. 螺母凸焊机的维护及保养

1）电极必须保持一定的光洁和形状，使用一段时间后必须修磨，以保证焊接质量。

2）工作完毕后必须清除焊钳上的飞溅物。

3）要定时对气动三联件的油雾器加油，使油面保持在要求的范围内（油雾器保护罩上标有上下限位置），并要定期放出空气过滤器中的积水。

4）定期检查水和气管有无老化或泄漏。
5）定期检查气压表有无损坏。
6）定期检查脚踏开关及内部螺栓、螺母。检查弹簧、导线插头是否完好。
7）定期检查气缸、变压器有无异常声响。
8）定期检查电磁阀是否正常及元件是否完整、消声器是否齐全清洁。
9）每半月检查一次变压器是否有异常温升。
10）每半月检查一次凸焊机的输出与设置是否一致。

第五节　白车身焊接质量检验与安全

一、白车身焊接主要质量缺陷

白车身焊接主要质量缺陷为焊接缺陷和装配缺陷。

1. 焊接的主要缺陷

焊接的主要缺陷有虚焊、假焊、脱焊、漏焊、裂纹、位置偏离、毛刺、压痕过深、扭焊、变形、飞溅和半点焊等。

虚焊：无熔核或熔核直径尺寸小于白车身焊接强度检验控制方法规定的尺寸的焊点。

裂纹：沿着焊点周围有裂纹的焊点，周围有裂纹的焊点是不合格的。

位置偏离：焊点之间的最大距离超过了产品技术图样规定间距的30%。

压痕过深：非暴露面焊点压痕深度不得超过钢板厚度的50%，在暴露面上，焊点压痕深度不得超过钢板厚度的20%，成形缺陷都要抛光。

扭焊：如果母材扭曲变形超过焊接面30°，即可视为有质量缺陷。

变形：如果钢板被拉超过紧靠焊点周围的厚度的两倍，就判定该焊点有缺陷。

2. 装配的主要缺陷

装配的主要缺陷有装配物之间高低、大小、缝隙不均匀等。另外外覆盖件表面不平整更是检验扣分的主要缺陷，这大多是由于材料不平、压模缺陷、冲模腔内垃圾等造成的，也可能是由于操作不当造成的。图3-32所示为检验工程师检验焊接质量。

图3-32　检验焊接质量

二、焊接质量的检验

焊接焊点的检验方法有：目视检验、磁粉探伤、X射线探伤、气密试验、液压试验、机械性能试验、金相检验（低倍）等。其中汽车制造生产中常用的检查方法为直观检查、机械性能试验,当需要对焊接工艺进行焊接质量验证时,也可使用低倍检验及抗剪强度试验。

1. 直观检查

直观检查就是用普通、无辅助设备的视力观察,检查焊点数量、位置和成形质量。

(1) 对电阻焊的直观检查

1) 有效焊点数量检查。工艺文件中规定的某个焊接边的焊点数为 5 个或者更少时,不允许出现有缺陷焊点或少焊点;工艺文件中规定的某个焊接边的焊点数为 6 个或者更多时,允许有一定数量的缺陷焊点和多余焊点。表 3-9 为某车型有效焊点数量要求。

表 3-9 某车型有效焊点数量要求

工程技术图样上规定的焊点数量	有效焊点数量最小值	实施焊点数量最大值
1~5	n	n
6~10	$n-1$	$n+1$
11~20	$n-2$	$n+2$
21~30	$n-3$	$n+3$
31~40	$n-4$	$n+4$
≥41	$(1-12\%)n$	$(1+12\%)n$

注:n = 装配焊接工艺卡片上规定的点焊实际数量

2) 焊点缺陷判断。

① 如果焊点或周围出现裂纹,则判定该焊点有缺陷。

② 如果母材扭曲变形超过焊接面 30°,则判定该焊点有缺陷(图 3-33)。

③ 如果钢板被拉超过紧靠焊点周围的厚度的两倍,就判定该焊点有缺陷。

④ 焊点不得超过任何焊接钢板的边缘(图 3-34)。

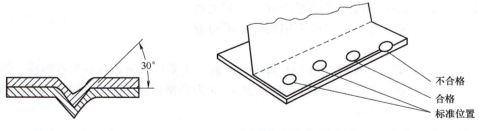

图 3-33 母材扭曲变形超过焊接面 30° 　　　　图 3-34

⑤ 如果最小焊点熔核直径小于表 3-10 中给出的数值,则判定该焊点有缺陷。

表 3-10 不同材料厚度的最小焊点熔核直径

材料厚度/mm	最小焊点熔核直径/mm
0.6	3.9
0.7	4.2
0.8	4.5

(续)

材料厚度/mm	最小焊点熔核直径/mm
0.9	4.7
1.0	5.0
1.2	5.5
1.4	5.9
1.6	6.3
1.8	6.7
2.0	7.1
2.3	7.6
2.5	7.9
3.0	8.7
≥3.2	8.7

⑥ 对于非暴露表面，焊点成形锯齿状深度（D）不得超过钢板厚度（T）的20%。对于暴露表面，任何锯齿状都要抛光。在抛光处理前，锯齿状或者下凹（S）不应超过金属厚度的10%。焊点成形锯齿状的相关尺寸如图3-35所示。

⑦ 合格焊点之间的最大距离不得超过规定间距的30%。

⑧ 如果一条焊接边允许有两处或者两处以上的缺陷焊点，那么缺陷焊点间必须至少有一个好的焊点间隔，才可以看作合格；焊缝末尾的焊点不得有缺陷。

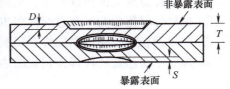

图3-35 焊点成形锯齿状的相关尺寸

（2）对 CO_2 焊外观检验　对 CO_2 焊外观检验，主要检测是否存在没有熔接、焊口裂缝、气孔、不合格孔隙、焊穿、咬边等缺陷。图3-36为合格焊缝的正常外观，缺陷焊缝识别检查可对照图3-37～图3-42。

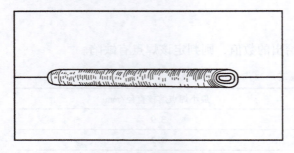

图3-36 合格焊缝的正常外观

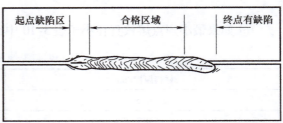

图3-37 没有熔接

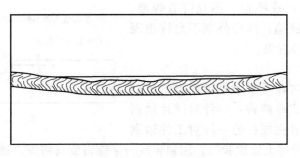

图 3-38 焊口裂缝

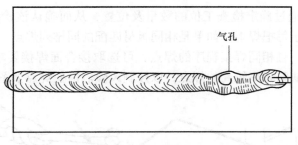

图 3-39 气孔

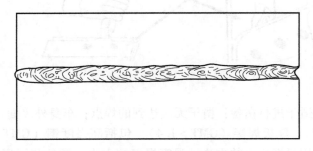

图 3-40 不合格孔隙

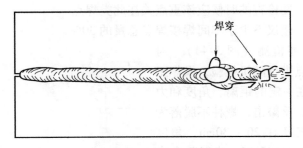

图 3-41 焊穿

（3）对螺柱焊的外观检查 不允许存在螺柱位置不准确、螺柱或工件严重内凹或氧化、螺柱或工件扭曲变形、焊点不均匀等缺陷。

（4）对凸焊件的外观检查　不允许有焊堆、焊渣、未焊透等焊接缺陷；焊后外观不允许出现有焊偏、漏焊、焊错等现象。

2. 机械性能试验

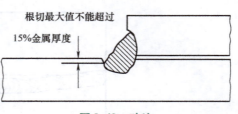

图 3-42　咬边

机械性能试验在实际生产中只做焊点的抗剪切强度试验，主要形式有两种：一种对试片做剥离试验，主要由操作者完成；另一种对工件做剔除半破坏性抽检。在焊件上做检验时，用扁铲或一字螺钉旋具将焊点撬开，部位限定在焊件内表面，并且补焊后不影响外表美观的部位，此项检验只做随机抽检，主要由检验人员完成。

（1）凿检焊点　通过确定检查工位的数量及位置，从而确认该检查工位涉及的焊钳和对应的焊接程序。对于每把焊钳，如果是相同板材匹配的同排列焊点，可选取两端和中间的焊点；对于相同焊钳，且相同焊接程序的焊点，可选取接合面焊接要求最高的焊点；此外，可以加入平时检查中缺陷频率较高的焊点，以控制风险。凿检焊点如图 3-43 所示。

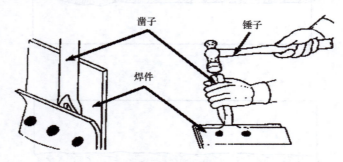

图 3-43　凿检焊点

下列焊点一般不适于进行凿检：凿子无法达到的焊点；车身外表面，平整度要求较高的焊点（包括铜板焊接）；厚板焊接（GMT > 1.4），包括高强度钢（GMT > 1.1）的焊点。对于以上焊点，可以采用目视检查的方法，观察焊点的大小、颜色和压痕等特征，如果必要，还可以制作图示模板进行参照。有条件的话，还可以采用超声波无损检测的方法进行辅助检查。另外，在每次破坏性检查的时候应该重点关注此类焊点。

凿检焊点的数量，建议不少于车间焊接焊点总量的 30%。

（2）螺柱焊的性能检测（图 3-44）　对工序总成件上所有焊点进行随机检验，操作工用 0.227kg 的橡胶锤在一定的距离、角度和力度范围内敲击螺柱，正反敲击，螺柱不脱落为合格。图 3-44 中距离 d 在 20~30cm，角度 α 大于 45°，橡胶锤应自由下落，确保敲击力度；图中角度 β 小于 45°，确保敲击方向。

图 3-44　螺柱焊的性能检测

（3）凸焊的性能检测　对凸焊的性能检测，采用扭力扳手检测凸焊焊接强度的扭矩值，表 3-11 为凸焊螺母、螺柱焊接强度扭矩数值。不带螺纹的凸焊件，其强度达到采用套管套住凸焊件使套管倾斜 15°不开焊即可。

表 3-11　凸焊螺母、螺栓焊接强度扭矩数值

凸焊规格	M5	M6	M8	M10	M11	M12
要求扭矩值/(N·m)	≥30	≥30	≥40	≥50	≥55	≥60

三、白车身车间安全

白车身车间的主要工伤事故有皮肤和眼睛被飞溅焊花灼伤、肌肤被铁皮划伤等。白车身车间的劳保用品主要是工作服、工作手套、工作鞋及防护眼镜。

1. 点焊操作安全注意事项

（1）预防触电　焊机必须可靠接地，并定期检查；焊机周围应保持干燥清洁，并垫绝缘胶皮，焊工要穿绝缘胶靴。

（2）预防烫伤　焊工应戴平光防护眼镜和手套；焊机工作时应设防止火花飞溅的挡板；不用手触摸刚焊完的焊缝或焊点。

（3）预防压伤　焊机的脚踏开关应有牢固的防护罩，防止意外开动而使电极（或滚盘）压下；操作过程中不要把手指放到两电极（或滚轮）之间。

2. CO_2 气体保护焊操作安全防护

（1）防辐射和灼伤　CO_2 气体保护焊焊接时，由于电流密度大、电弧温度高，弧光辐射比手工电弧焊时强得多，应特别注意加强安全防护，防止电光性眼炎及裸露皮肤灼伤。工作时应穿好帆布工作服，戴焊工手套，防止飞溅灼伤。使用表面涂有氧化锌油漆的面罩，配用 9～12 号滤光镜片，各焊接工位要设置专用遮光屏。

（2）防中毒　CO_2 气体保护焊不仅会产生烟雾和金属粉末，而且还会产生 CO、NO_2 等有害气体，所以应加强焊接场地的通风。图 3-45 所示为某汽车厂 CO_2 气体保护焊通风系统。

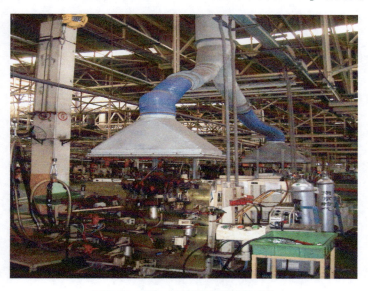

图 3-45　CO_2 气体保护焊通风系统

习 题

1. 白车身车间有几个工段？每个工段的任务是什么？
2. 解释点焊、钎焊的概念。
3. 简述汽车工业焊接发展趋势。
4. 简述电阻焊的热过程。
5. 简述接触电阻的形成与影响接触电阻大小的因素。
6. 简述焊点的形成过程。
7. 点焊的接头形式有哪些？
8. 简述点焊工艺基本操作。
9. 点焊时工件烧穿的主要原因是什么？
10. 简述 CO_2 气体保护焊焊接设备的组成。
11. 简述 CO_2 气体保护焊供气系统的组成。
12. CO_2 气体保护焊焊接参数如何选择？
13. 简述 CO_2 气体保护焊基本操作技术。
14. 简述激光焊接优点。
15. 简述激光焊接在车身焊接上的应用。

第四章　车身涂装

第一节　汽车涂装概述

涂装是产品表面装饰和材质保护所采用的最有效手段之一，汽车涂装则是指采用合适的施工方法和工艺技术，将不同种类的涂料涂覆在汽车表面并牢固附着于被涂物体的涂料成膜工艺过程。可以说汽车涂装是用户选择的首要需求，直接影响汽车的市场竞争力。但汽车的工作环境很差，日晒雨淋、石子飞溅，要保证10年甚至12年不锈穿，还要保证满足高防腐要求，所以大型的轿车涂装车间都要投资上亿元人民币，选用最好的设备、最先进的工艺、最优秀的材料，加上最严格的管理，才能满足汽车的装饰性、耐蚀性、耐盐雾性、耐湿热性、环保性及车身使用寿命等高质量需求。

汽车诞生至今已有100多年的历史，当初的汽车涂装是以刷涂、自然干燥为主的小批量生产的手工作坊方式，后来才发展成为以喷涂为主的大批量流水线生产方式。汽车涂装有70多年的历史，在近50年内发展较快，尤其在近30年内有突飞猛进的发展。因工业发展条件和基础的不同，各国汽车工业的涂装水平也不平衡。北美和西欧的汽车涂装技术较先进，开发了不少新的涂装技术和汽车用涂料新品种；苏联在20世纪70年代引进了国外涂装技术，装备了伏尔加和卡马河汽车厂；日本在20世纪60年代初与我国汽车涂装水平差不多，由于日本汽车工业发展迅速，现在其汽车涂装技术水平已进入世界先进行列。

我国汽车工业起步较晚，20世纪五六十年代，我国的汽车涂装是在修理汽车作坊式涂装的基础上，按当时苏联模式发展起来的流水式汽车涂装，其特征是串联式的布置，以喷、浸涂装方法为主体，采用普通悬挂式和推杆式运输链送被涂件。在20世纪六七十年代，我国开发了阳极电泳涂装和静电涂装。自改革开放以来，我国汽车涂装也走向了国际化，尤其在20世纪90年代，随着德国、法国、美国、日本和意大利等国外汽车厂家进入我国汽车生产领域，以及中外合资汽车公司的建立，无论是涂装工业、设备及涂装用具，还是涂装用材和管理，都有更新换代的飞速发展，因此我国逐步跟上了国际汽车涂装技术发展的步伐。

一、汽车车身涂装的目的

汽车车身油漆通常有4~5层，图4-1所示为车身油漆结构；图4-2所示为Golf轿车油漆结构。

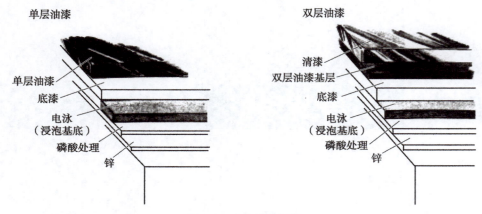

图 4-1　车身油漆结构

图 4-2　Golf 轿车油漆结构

1. 防腐蚀

现代汽车表面多以金属材料为主，随着使用环境日益恶劣且多变，若金属车身表面发生化学腐蚀或电化学腐蚀，则不仅会降低其品质和寿命，腐蚀导致异常或损坏的零件也极易引发交通事故，甚至造成车毁人亡的惨剧。常见腐蚀严重的钣金件有驾驶室、车厢、客车壳体、车底板、挡泥板和车头（翼子板、面罩）等。这些部位常与泥沙、碎石和水接触，当它们撞击汽车表面的防护层时，极易划伤漆层，破坏其完整性、连续性，使金属裸露在外，当金属接触到水和空气中的氧，就会起化学作用而产生锈蚀，所以要求车身具有很好的耐腐蚀涂层。

2. 外观漂亮、鲜艳

汽车涂层有漂亮的外观（色彩鲜艳，光亮悦目）是市场竞争不可缺少的技术指标，对于轿车来说，除单色漆外，还有金属闪光漆、珠光漆，其光亮接近镜面。外观色彩的多样化也是由涂装工艺来实现的。

3. 防石击

汽车在高速行驶时，路面飞起的砂石如果打到车身上，很快就会将车身涂层破坏，引起车身钢板腐蚀、生锈和穿孔等，所以在车身底部、轮罩下沿周围都必须喷涂耐石击涂料——PVC防振耐腐蚀涂层。

4. 防褪色

在风吹日晒中，原来光鲜的汽车外装会变暗失色，因此保持色彩的永恒也是涂装的基本要求之一。

二、涂装车间的布局

在总体布置上，涂装车间位于车身车间和总装车间之间，因为需涂装的车身来自车身车间，车身经涂装车间完成车身涂装后，要送往总装车间（图4-3）。

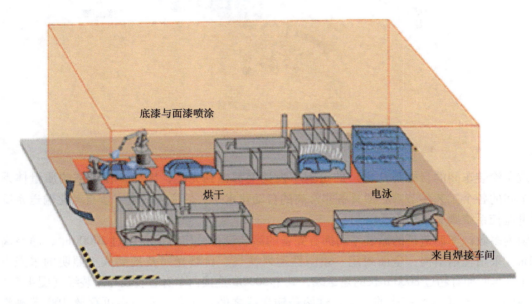

图4-3　涂装车间布局图

涂装车间的内部布置，明显地分为防尘区、清洁区和高温区3个工作区。防尘区主要布置预处理线、电泳线和车身密封线，清洁区主要布置喷中涂、喷面漆生产线，高温区主要布置烘房。

涂装车间由预处理线、阴极电泳线、PVC线、中涂线、面漆线及整理返修6条生产线组成（图4-4）。辅助设备有输送车身的四条空中输送链和地面输送链及输送滚道，车间设有涂装系统、二氧化碳自动灭火装置、两个中央通风系统、预处理及底面漆送风加热系统、电泳槽液冷冻装置、阴极电泳专用的备用供电系统及备用发电系统。机械化控制系统采用可编程逻辑控制器（PLC）控制，根据生产工艺的实际要求编程控制——实行现场总线中心监控，分区自动实现。

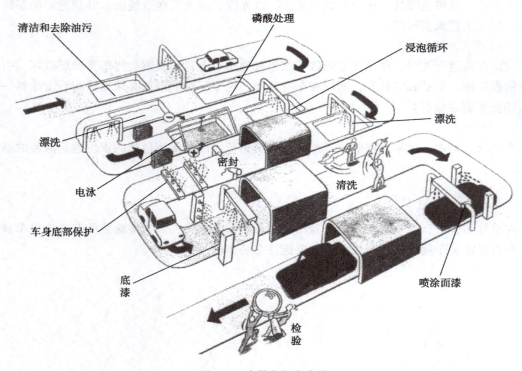

图 4-4 涂装车间生产线

三、涂装汽车运输设备及质量监控系统

汽车涂装车间的目标是让出厂的每辆车视觉上都达到完美，因而，在严格的质量体系下，车间的各个工艺环节都必须具备非常高的自动化水平，而完善的全方位自动化输送系统和质量监控系统则必不可少。

国内多数汽车制造厂的涂装车间拥有完备的涂装设备，厂房面积超过 $20000m^2$，净空高度 $12m$，采用轻钢结构、全面封闭、强制性通风换气、自然光照及局部人工照明的采光方式。涂装车间拥有超过 $8000m$ 长的输送线，其中 $3000m$ 连接白车身总装线与涂装线（图 4-5），约 $2000m$ 用于送走涂装完毕的汽车，这两条输送线之间，还有一条最多可存放 100 多辆汽车的缓冲线。该设施的设计日生产能力为 600 辆汽车，如果两班制运行，平均每小时可以完成 90 辆汽车涂装的转接运行工作。

厂房采用主辅房双层结构（夹层为钢平台结构），主房布置工艺流程线，辅房安置辅助设施及储存生产辅料，并在主要出入通道设置了风淋洁净室，以利于维护现场工作环境，保持现场的洁净度。在如此规模的多层立体涂装车间底层，有 3 个返修台的工位专门负责对有涂装缺陷的车体进行非常精细的修补，消除诸如微小气泡等非常细小的缺陷。返修台在车间的底层，这也是该车间在常规的滚筒输送线、水平输送线和链式输送线以外，另设自动化提升装置的原因。输送控制系统专门监控车体前往 3 个返修台以及随后返回喷涂车间的输送工作。车体从上层输送系统被送上运输托板后，将在两层输送带之间全自动地进行传输。系统的监控系统采用计算机控制，确保安全运转，并在统一的用户界面下，透明地监控所有过

图 4-5　白车身转挂运输线

程。随着自动化产业进步，机器人在涂装工艺中成了不可或缺的助手，车间中的工作人员数量也在不断调整。

图 4-6 所示为 2005 年北京现代制造厂改造后的涂装车间。其涂装车间中增加了大量的送风系统和降温除尘设备，有效地控制了涂装车间空间中的粉尘颗粒并且改善了工作环境。喷涂机器人也从以前的 24 台增加到 48 台，其中底涂密封胶机器人 6 台，底喷防振胶机器人 4 台，中涂和上涂机器人 38 台。车身的清洁工作也由 3 台擦净机来承担，喷漆前的电泳处理也变成了全自动控制。

图 4-6　北京现代制造厂改造后的涂装车间

现在运用比较多的涂装车间全集成自动化系统（TIA），用先进的自动化设备及传感器模块智能互联，确保整个涂装生产流程之间的信息交互以及整个系统的顺畅工作与操作安全性。

1. 输送线速度控制装置

在横向输送带到返修站之间,通过运输板上感应式接近开关和地板安装型信号发生器确保运输板的准确定位以及必要的加速与制动,为此,输送带旁还设置有金属材质的信号发送器,当运输板路过时,供接近开关的感应式交变磁场检测,并触发相应的 PLC 发出通知信息(图 4-7)。

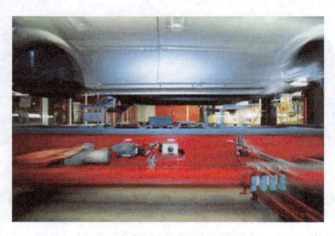

图 4-7 输送线速度控制装置

2. 卷闸门与输送机之间故障安全监控装置

通过故障安全通信总线,用一台激光扫描器直接连接至故障安全型控制器,对提升装置卷闸门与横向输送机之间的区域进行 190°的监控,这样,即使在 4m 以外也能识别出穿黑衣服的人员,并将警报信息发送至 15m 以外的人员或目标,确保生产安全。在激光扫描器旁边,还设有 4 个 IQ-Sense 光传感器以及附近的 2 个配套的光电式接近开关(图 4-8、图 4-9),以控制安装于该处的卷闸门。一旦检测到车体,传感器便开始定位并起动系统的电动机起动器。与感应式接近开关不同,这些光电接近开关可以检测出不同材质的物体,无论是金属材料还是其他材质。

图 4-8 横向运输机处光传感器　　　　图 4-9 提升装置处光电式接近开关

3. 计算机监控系统

汽车厂涂装车间生产设备的电控系统总体上采用"集中监视、分散控制"的典型模式，依据这一原则，可将整个电控系统分为 3 个层次，即计算机中央监控系统、设备级 PLC 控制系统和现场级的现场总线系统。图 4-10 所示为涂装现场监控系统。每个层次中应使用不同的网络结构及软硬件配置，以实现各自的不同功能。

图 4-10　涂装现场监控系统

中央监控系统的控制对象，主要有涂装工艺控制系统和输送控制系统，它负责监控这 2 个系统的运行状态，协调这 2 个系统内各设备动作和这 2 个系统之间的各设备动作，使生产按照预定的生产节拍进行，使整个车间保持一种正常的生产运行。设备级 PLC 控制系统，根据 PLC 编程操控的全自动控制设备，根据客户要求和生产线的实际控制，实现对喷涂环节的精确控制，即对现场总线中心的监控。图 4-11 所示为 PLC 网络数据传递关系。现场总线系统是一种用于现场仪表和控制室系统之间的全数字化、双向、多站的通信系统，可以完成生产过程领域的基本控制设备（即现场级设备）之间以及更高层次自动控制领域的自动化控制设备（即车间级设备）之间的联系。

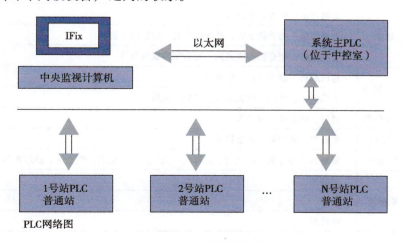

图 4-11　PLC 网络数据传递关系

第二节　汽车涂料基本知识

长期以来人们对汽车涂料与油漆的概念有混淆。以往涂料都是植物油和天然树脂熬炼而成的，所以人们一直将涂料产品称为油漆。其实涂料包含了油漆，它可以分为水性漆和溶剂（油性）型漆，随着环境保护的要求提高与化工产品的层出不穷，现代汽车涂料大部分已经脱离了用油生产漆的传统，以水为主要溶剂的化工合成油漆性能更优越，使用场合更广泛，所以称呼涂料更为准确。

伴随着汽车工业的发展，汽车用涂料的发展也经历了三次大的变革。1960 年以前，汽车涂装用料是传统的溶剂型防锈底漆和外用硝基喷漆。20 世纪 60 年代初，美国福特汽车公司率先建成车身阳极电泳生产线，它促进了汽车工业生产自动化的进程，也减少了有机溶剂向大气的排放量，开创了汽车涂料第一次革命。随着人们环境保护意识的增强，涂料工业发展的方向也更加明确——就是要加快开发高固体分、无溶剂型、水性化和粉末涂料等低污染、环保型汽车涂料。20 世纪 80 年代，阴极电泳取代阳极电泳技术，阴极电泳涂层的耐腐蚀性和耐盐雾性、泳透性都要比阳极电泳高很多，这一改革成为第二次汽车涂料革命。20 世纪 90 年代以后，欧洲的汽车涂装技术加快了向水性化发展的步伐，现在已经在大多数汽车厂实现了阴极电泳底漆、水性中涂、水性底面漆和部分采用水性罩光清漆的全部水性化涂装工艺，也还有一部分汽车厂最后罩光采用溶剂型清漆。所以我们说 20 世纪 90 年代是汽车涂料更新换代的第三次汽车涂料革命。

一、汽车涂料的组成

汽车涂料一般有 3 种基本成分：成膜物质（油料、树脂）、颜料（包括体质颜料）和辅助材料（表 4-1）。

表 4-1　汽车用涂料的组成

涂料的组成				
成膜物质	油料	干性油：梓油、苏籽油、亚麻仁油等		不挥发成分
		半干性油：豆油、棉籽油等		
	树脂	天然树脂：松香、虫胶等		
		人造树脂：松香衍生物、纤维衍生物、橡胶衍生物		
		合成树脂：缩合型合成树脂、聚合型合成树脂等		
颜料	着色颜料	有机颜料：酞菁蓝、耐晒黄等		
		无机颜料：钛白、氧化铁红、铝粉、炭黑等		
	防锈颜料	红丹、锌铬黄、锌粉等。		
	体质颜料	滑石粉、碳酸钙、硫酸钙等。		
辅助材料	添加剂	增塑剂、稳定剂、固化剂、防霉剂、流平剂、乳化剂、催干剂、防结皮剂等		挥发成分
	稀释剂	助溶剂		
		溶剂		
		冲淡剂		

1. 成膜物质

成膜物质是涂料的主体成分，其作用是使颜料保持明亮状态，使之坚固耐久并能黏附在物体表面，是决定涂料类型的物质。它一般由干性油或半干性油改性的天然树脂（如松香）、人造树脂（如失水苹果酸树脂）、合成树脂类（如甲基丙烯酸甲酯等）制成。通常通过添加增塑剂和催化剂来调整、改进它的耐久性、附着力、耐蚀性、耐磨性和韧性（图 4-12）。

2. 颜料

颜料是涂料中两种不挥发物质之一，它赋予面漆色彩和耐久性，同时使涂料具有遮盖力，并提高强度和附着力，改变光泽，改善流动性和涂装性能（图 4-13）。

图 4-12　成膜物质

图 4-13　颜料

3. 溶剂

溶剂是涂料中的挥发成分，它的主要作用是能够充分溶解漆膜中的树脂，使涂料能正常涂抹。优质的溶剂能改善面漆的涂抹性能和漆膜特性，增强光泽，减小涂层网纹，从而减少抛光工作量，同时也有助于更精确地配色。除了涂料中已有的溶剂外，溶剂还用作稀释涂料并使它的黏度适合涂布要求的稀释剂（图 4-14）。

4. 添加剂

近十多年来涂料工艺发生了巨大的变化，添加剂的使用也越来越常见。虽然添加剂在涂料中的比例不超过 5%，但它们起着各种重要作用：有能加速干燥并增强光泽的固化剂，有减缓干燥速度的缓凝剂，还有能减弱光泽的消光剂。有些添加剂起的是综合作用：即减少起皱、加速干燥、防止发白和提高耐化学物质的能力（图 4-15）。

二、涂料的分类

汽车涂料的种类很多（表 4-2），分类形式也不同。GB/T 2705—2003 对原来以主要成膜物质为基础的分类方法进行了补充完善，并在此基础上增加了以涂料产品用途为主线的分类方法。我们大致把汽车用涂料划分为普通漆和透明漆（镜面清漆）。

图 4-14 溶剂

图 4-15 添加剂

表 4-2 汽车用涂料种类

涂料种类	优　点	缺　点
油脂漆	耐候性良好，涂刷性好，可内用和外用，价廉	干燥慢，机械性能不高，漆膜水膨胀性大，不能打磨、抛光
天然树脂漆	干燥快，短油度漆膜坚硬，易打磨；长油度柔韧性、耐候性较好	短油的耐候性差，长油的不能打磨抛光
酚醛漆	干燥快，漆膜坚硬，耐水，耐化学腐蚀，能绝缘	漆膜较软，没有浅、白色漆，对日光不稳定，耐溶剂性差
沥青漆	耐水、耐酸、耐碱、绝缘、价廉	颜色黑，没有浅、白色漆，对日光不稳定，耐溶剂性差
醇酸漆	漆膜光亮，施工性能好，耐候性优良，附着力好	漆膜较软，耐碱性、耐水性较差
氨基漆	漆膜光亮、丰满、硬度高，不易泛黄，耐热、耐碱，附着力也好	需加温固化，烘烤过度时漆膜泛黄、发脆，不适用于木质表面
硝基漆	干燥快，耐油，坚韧耐磨，耐候性尚好	易燃，清漆不耐紫外光，不能在 60℃ 以上温度使用，固体分低
纤维素漆	耐候性好，色浅，个别品种能耐碱、耐燃	附着力、耐潮性较差，价格高
过氯乙烯漆	耐候性好，耐化学腐蚀，耐水、耐油、耐燃	附着力、打磨、抛光性能较差，不耐 70℃ 以上温度，固体分低
烯树脂漆	柔韧性好，色浅，耐化学腐蚀性优良	固体分低，清漆不耐晒
丙烯酸漆	漆膜光亮、色浅、不泛黄，耐热、耐化学药品、耐候性优良	耐溶剂性差，固体分低

(续)

涂料种类	优点	缺点
聚酯漆	漆膜光亮，韧性好，耐热、耐磨、耐化学药品	不饱和聚酯干性不易掌握，对金属附着力差，施工方法复杂
环氧漆	附着力强，漆膜坚韧，耐碱，绝缘性能好	室外使用易粉化，保光性差，色泽较深
聚氨酯漆	漆膜坚韧、耐磨、耐水、耐化学腐蚀，绝缘性能良好	喷涂时遇潮易起泡，漆膜易粉化、泛黄，有一定毒性
有机硅漆	耐高温，耐化学性好，绝缘性能优良	耐汽油性较差，个别品种漆膜较脆，附着力较差
橡胶漆	耐酸、碱腐蚀，耐水、耐磨、耐大气性好	易变色，清漆不耐晒，施工性能不太好

一般来说，普通漆和透明漆具有相同的结构：金属材料-电解漆-底漆-色漆。但透明漆还多一层：通常有一种聚氨酯或氨基甲酸酯形成的透明表层。透明漆是车漆最外表的透明层，它是用以保护下层的色彩漆和为了美观而使用的新型涂料，欧美和亚洲国家中高档车基本都用透明漆，同类漆还有各种复合罩光漆、水晶漆和珠光漆等。透明漆比普通漆更易受到环境的侵蚀。汽车尾气中放出的二氧化碳的碳烟、滴落的飞机航空油、酸雨、酸雾、酸雪以及各种飞禽的排泄物，一旦落在车体上，加上空气中的水分，它们随即变成腐蚀透明漆的酸性溶液，稍加温（阳光中的紫外线），便开始发生化学反应，侵蚀汽车漆的保护层。这种侵蚀一次、两次不明显，但若长期不做护理，最终这种化学反应会侵蚀到色彩层、底漆层和金属。

第三节 汽车涂装工艺设计

涂料由液态或粉末状变成固态，在被涂物表面上形成均匀的薄膜，这一过程称为涂装。涂装大致由以下6条工艺生产线组成：

车身预处理——阴极电泳处理——底盘PVC喷涂——第二道底漆的中涂——面漆喷涂——辅助工序（图4-16）。

一、车身预处理

目前汽车制造使用的钢板不外乎以下几种：预磷化板、镀锌板、冷轧板和铝板。预磷化板在钢厂制板时有磷化工序，这种板材防腐性最好，但价格高，所以没有广泛使用，奥迪A6全车均为预磷化板；镀锌板常见的是单、双面镀锌，价格较高，目前国内中档车广泛采用；冷轧板是最广泛采用的板材，价格较前两种低，中档车广泛采用；铝板虽强度较低，但质量轻，能降低油耗，高档车身上有一定面积使用，目前国内车型使用不多，价格高。

大多数汽车厂为了防止车身钢板件锈蚀，所有的外部冲压件都是采用镀锌钢板，镀锌层厚度为10μm。镀锌钢板置于自然环境下，每年镀锌层自然减薄2μm，基本可以维持车身寿命5年。同时为了清除被涂物表面的油脂、油污、腐蚀产物和残留杂质物等，并赋予被涂物表面一定的化学、物理特性，达到增加涂漆层附着力、提高被涂物的防锈能力和装饰性的目的，车身还需进行涂装前的预处理。

国内汽车零件的预处理主要是喷丸处理和化学前处理。目前喷丸处理主要应用于厚板结

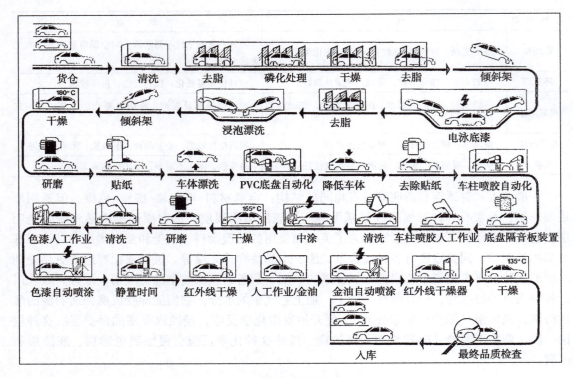

图 4-16 汽车涂装工艺线示意图

构件和铸件,以除锈、除氧化皮为主要目的,材质的表面并没有形成保护膜,零件的耐蚀性取决于表面涂层。化学前处理主要应用于氧化皮较少的薄板结构件,例如发动机舱盖、仪表板等,目前主要应用的是较成熟的中温磷化技术。

1. 磷化处理的基本原理

钢板为了防锈,通常都涂有一层防锈油,若不清除干净,任何涂装涂上去均不会牢固,即结合力很差,为了提高结合力,须进行脱脂(去油)处理。在脱脂后,通过表面调整,在金属表面会形成磷化的结晶核心,可以提高下道磷化反应的速度和磷化膜质量。用磷酸锌溶液对金属进行浸泡或者喷淋处理(图 4-17),可使金属表面形成的一层均匀致密的磷酸锌转化为膜,该磷酸锌涂层膜很薄,仅有 3μm,但它与钢板之间形成的晶格结合力很牢固,极大地提高了后续漆膜的附着力,防腐能力可以提高 2~10 倍。磷化后再进行钝化处理,可封闭磷化膜中的孔隙,提高磷化膜耐蚀性,特别是提高漆膜的整体附着力和耐蚀性。预处理后的车身为银灰色。

2. 磷化处理的主要工艺参数

磷化处理的主要工艺参数:处理方式,所用材料,槽溶液的成分、时间、温度和压力。

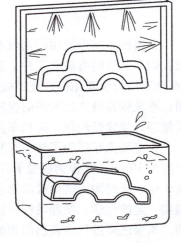

图 4-17 去脂磷化处理

3. 磷化处理的主要工艺流程

磷化处理的主要工艺流程：手工清洗——高压脱脂（K.O.D）——低压脱脂——浸洗脱脂——喷洗——浸洗——表面调整——磷化锌浸涂——喷洗——浸洗——中温钝化——纯水喷洗——循环水浸洗——纯水喷洗——烘干——电泳底漆。

4. 磷化处理后工件表面应具有的性能

1）磷化膜外观必须致密，膜薄且均匀，无发蓝。

2）磷化膜重 $1\sim 3g/m^2$。

3）磷化膜晶粒粒度 $<5\mu m$。

4）磷化膜的镍含量 $>20mg/m^2$。

5）工件在前处理出口处的滴水电导率 $<25\mu S/cm$。

6）采用湿膜入槽，在工件入槽前，设置一个洁净压缩空气吹水工序或者烘干工序，以防过多的水带入电泳槽。

二、阴极电泳处理

1. 阴极电泳的基本原理

阴极电泳处理也称为上底漆，电泳涂层较厚（$30\sim 50\mu m$），采取特殊的涂膜方法，它将具有导电性的所有暴露在外的钢板表面和车身底部浸渍在装满水稀释的浓度比较低的电泳涂料槽中作为阴极，在槽中另设置与其相对应的阳极，在两极之间通直流电，在被涂物（车身）上析出均匀、不溶于水的涂膜（图 4-18）。

2. 电泳涂漆的优点

1）涂底漆工序可以实现完全自动化，适用于大流水线生产。

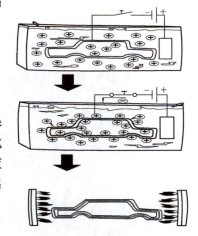

图 4-18　阴极电泳原理图

2）可以得到均匀一致的膜厚。

3）泳透力高，大大提高了空腔防腐能力，尤其是阴极电泳涂膜的耐腐蚀性最佳。

4）安全性比较高，对环境污染程度小。

5）涂料利用率高，可以达到 95%，若用传统的喷涂法，通常涂料利用率会小于 50%。

6）电泳涂膜的外观好，烘干时有较好的展平性。

3. 阴极电泳的工艺过程

阴极电泳的工艺过程：电泳槽浸泡——第一道离子水循环喷洗——第二道离子水循环喷洗——超滤水冲洗——烘干（图 4-19）。

车身经过主槽时，分别在 60V—180V—230V—250V—230V 五段电压的直流电场下，进行浸泡（至少 2min），形成一层大约 $20\mu m$ 的灰色涂层，经过两道离子水循环喷淋水洗，一道干净的 μF 溶液（超滤水）冲洗，目的是使夹缝、封闭梁内部清洗干净；再在（180 ± 5）℃的烘箱中烘干 30min 左右，即完成整个电泳过程（图 4-20），得到一层均匀细致的底漆涂层，其与磷化膜的结合，对车身防腐起到了关键性的作用，也可使车身焊装时采用的点焊密封胶固化。

图 4-19 磷化处理后车身入电泳槽

图 4-20 电泳底漆生产线

4. 现场控制阴极电泳质量的手段

阴极电泳的操作方便,但其技术要求却非常高,控制要求非常严格,质保试验室每天负责对槽液进行测定,项目有 pH 值、固体分、MEQ 值、颜基比及溶剂含量等,只有这些参数均处于规定的区间内,才能保证车身的涂膜质量优良。

此外,湿度、压力、时间和电压等工艺参数的控制也会很大程度地影响电泳质量。

三、底盘 PVC 喷涂

1. 底盘 PVC 喷涂的基本原理

车身在高速行驶时,道路上的温度会远高于环境温度,为了防振、隔热和防石击,在车身底部喷有一层厚 800μm 左右的聚氯乙烯(PVC)树脂焊缝密封胶,这种胶烘干以后,会成为一种软的、有弹性的物质,可以吸收和缓冲碎石的撞击能量。将 PVC 抗石击涂料(又称防声绝缘浆)以喷涂方式覆盖于轮罩内部、底板外表面和车身侧面下裙部,它与电泳底漆有着良好的结合力,能保证车厢底部不锈蚀和不致被碎石块撞坏。为更好消除由于车身振动而产生的噪声，还可在相应部位铺覆或粘贴各种形状的热融防振垫片。

2. PVC 生产线的主要工艺流程

PVC 生产线的主要工艺流程：粗密封——底部喷胶——清洁——细密封——烘干——冷却。

涂密封胶工序又可分为粗密封和细密封。粗密封是对车身内腔的所有缝隙进行密封，即沿缝隙压涂或喷涂（喷幅为 20~40mm）PVC 密封胶，对外观要求较低；细密封是指在对外观要求高的车身外表的缝隙压涂上 PVC 密封胶，随后对喷涂后的密封胶条的外观进行修饰。

一般采用高压无空气喷涂法喷涂车底涂料，在产量小的场合，可采用手工喷涂（图4-21）；大量流水线生产时，主要采用机械人喷涂（图4-22），随后手工补涂（图4-23）。密封胶和车底涂料的固化，以及防振垫片的融合可以与中涂、面漆的烘干同时进行。但为了防止在涂装前表面预处理时打磨碰坏或粘灰，一般仍设置 PVC 烘干室，用（150±20）℃温度烘 10~15min，使其表干（也称为不完全烘干），随后与中涂、面漆涂层同时烘干。

图 4-21 手工喷涂 PVC 抗石击底盘涂料

图 4-22 机器人喷涂焊缝密封胶

3. 现场控制 PVC 喷涂质量的手段

这道工序的操作必须仔细、耐心和认真，车身由冲压件焊接而成，因此要利用 PVC 密封胶将所有外部可见的钢板搭接处用喷涂或挤涂的方式给密封起来，必要时可用刷子对缝隙进行密封。此外对发动机舱盖和骨架间采用这种胶时，应按工艺要求进行逐点填充式挤涂，以防止水、灰尘和气味进入车厢内，从而达到防锈的目的。

在喷涂车底涂料前，要将被密封、涂覆部位的油污、水渍、灰尘和铁锈等污物除去，再将有些工艺孔堵上，螺栓要套上保护罩，不需要喷涂的表面要贴保护纸，以防喷上车身涂料，另外要求分界线要清楚。在烘干之前，车身外表面应擦净，消除飞溅的涂料。

四、第二道底漆的中涂

1. 第二道底漆喷涂（又称为中涂）基本原理

中涂漆是轿车的第二道漆，即在电泳底漆车身再喷涂一

图 4-23 手工补涂焊缝密封胶

层涂漆，中涂漆的主要作用在于增加涂装车身的漆膜厚度，一般为40μm，在迎风面还要厚一些。中涂涂装物理性能与底漆、面漆不同，它的弹性较强，底漆与面漆则比较脆硬。中涂层涂装的功能主要是：吸收灰、砂等对面漆的冲击力；加强底漆与面漆之间的附着力；使面漆丰满，起填补的效果。中涂后须进行烘干，烘烤温度为（140±5）℃。中涂后的烘烤也同时会使抗石击涂料和密封胶得以固化，提高整个涂装涂层的防腐能力。

2. 中涂的工艺流程与质量要求

简要的工艺流程：水砂打点——清洁擦灰——喷漆——静置挥发——纯水冲洗——烘干。

质量要求：油膜厚度要在30~40μm，光泽度要求一般不大于55GU（投射角度60°）。

五、面漆喷涂

1. 面漆喷涂的工艺流程

面漆喷涂的工艺流程基本上同中涂的工艺流程相同。一般进行过机器喷涂后，还要求人工在特殊封闭的喷漆间对初喷表面进行修磨后，再喷涂一遍，保证没有任何死角，最后在烘干室，用红外线固化面漆层，也可采用人工初喷如图4-24所示。

图4-24　人工初喷

2. 面漆的质量要求

面漆是轿车喷涂的最后一道漆，它是轿车的面孔，是轿车的衣裳，因此对面漆外观要求特别高，同时面漆也要能承受自然环境对汽车的侵蚀，例如潮湿、氧化、雨水、含盐物质、含酸物质、阳光辐射和砂石撞击等，同时也不容许有任何的涂装流挂、缩孔、桔皮或发光、失光等表面缺陷，其光泽度要求大于80GU，厚度要求达到35~45μm，除了外观要求之外，面漆涂层还须具备优良的防腐蚀性能和附着力。

六、辅助工序

涂装工艺一般由上述若干道工序组成，工序多少决定了涂层的装饰性和涂层的功能，对于要求高的场合工序多达几十道，甚至上百道，但就工序内容及其实质来看，涂装工艺是由涂装前处理、涂料的涂覆和烘干3个基本工序以及若干辅助工序组合而成的。

辅助工序不是组成涂装工艺必不可少的工序，而是对主要工序起辅助作用，或是根据某种产品的特殊要求进行的涂装工序。它包括打磨、抛光、打蜡、注蜡、涂车底涂料和密封等工序。下面介绍现在常用的几种辅助工序。

1. 打磨

通常为了消除底材表面上的毛刺及杂物（如浮锈），清除喷涂面的颗粒、粗糙和不平整度，增强涂层的附着力，需要采用合适的工具对车身表面进行打磨。

打磨分为干打磨和湿打磨，干打磨不用水湿润，湿打磨是在打磨涂层的同时用水或其他湿润剂润滑，以获得更平滑的表面并洗掉磨灰，例如在打磨硝基漆和过氯乙烯漆时不仅用水湿润还用松香水湿润。为提高面漆的装饰性，在进行抛光前可用极细的水砂纸打磨，也可用肥皂水作为湿润剂。

打磨底材表面一般采用粗的或细的砂布、木工砂纸等。打磨填坑的腻子层一般用细砂布或磨石。砂布和木工砂纸仅适用于干打磨。在湿打磨中涂层和面漆涂层时，应采用耐水性砂纸（水砂纸）。

打磨前要检查砂纸的质量，不能有机械杂质（粗的砂粒），以防划伤涂膜。耐水性砂纸要先用水湿润，再撕开或折叠使用。打磨应注意方向性。打磨过程中要不断清除磨灰，湿打磨最后要用去离子水彻底冲洗干净、吹干，使涂覆面干燥；涂层应干透后才能打磨，不然打磨时会粘砂纸，从而影响打磨质量。

2. 抛光打蜡

抛光是使面漆涂层具有柔和、稳定的光泽，使漆面更加平滑，这是提高涂层装饰性的一种手段，一般仅在对装饰性要求高的高级轿车的涂装工艺中采用（图4-25）。为达到漆面清晰如镜的效果，在抛光后还要进行打蜡，打蜡同时对涂膜也起保护作用，因此也是维护涂层的一种手段。

图4-25 法拉利面漆抛光处理

车身漆抛光采用专用抛光膏或极细的磨料，抛光时，用法兰绒、棉纱或纱布蘸上抛光膏，涂在漆面上，擦拭到漆面平滑为止。随后用一种抛光水擦洗漆面，擦净后再用法兰绒、棉纱或棉布抹上一些光蜡，像擦皮鞋那样进行打蜡。抛光打蜡一般是手工操作，有时借助于抛光机，一般是在面漆干透后直接抛光，对抛光性能优良的面漆，为减轻抛光工作量，有时在抛光前要先用600#水砂纸打磨，消除各种缺陷并磨平后再进行抛光。随着轿车用面漆的可抛光性能的提高，上述打磨抛光工序已成为消除轿车面漆层的颗粒、雾影等弊病的手段，一般与最终检查、验收工序在一个工位进行。

3. 空腔注蜡

为了防止水分残留在车身的空腔中，造成车身内部腐蚀，图4-26所示为日系蓝鸟事故车拆解情况，一汽大众率先推出了空腔注蜡的技术。这种技术是用120kg蜡注入车身空腔，经过一定时间，最后残留在车内的1kg蜡在空腔表面形成均匀的保护膜，其采用了机器人涂胶、液压夹具卷边和中频电局部加热装置凝胶的四门二盖节能自动焊接方式，并配合先进的油漆工艺，能确保整车12年不腐蚀。

图4-26 事故车拆解情况

空腔注蜡就是在车身底部4个空腔中打入一定量的液态蜡，经过特定工艺流程使留在车身空腔内部的蜡形成均匀的保护蜡膜，令水滴无隙可入，保证了整车良好的防腐性能。

汽车车身中有许多的空腔，这些空腔对于增加车身强度和减小车身质量非常重要，在普通的防锈涂装过程中，这些空腔是没法处理到的。为了防止电化学腐蚀从空腔内部发生，技术人员发明了空腔注蜡技术。注蜡的部位非常多（图4-27），一般有几十个，大致列出如下：

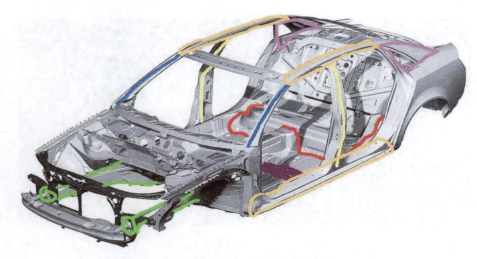

图4-27 广汽本田汽车空腔注蜡典型位置

1) 前纵梁、前横梁、A柱、B柱、C柱、上边梁、下边梁、后纵梁和后横梁（上、下边梁是指车顶、底板与侧面的交接处内部的钢梁）。

2) 发动机舱盖上盖板（就是刮水器后面，风窗前面那一块）。

3）发动机内罩、外罩。
4）所有的车门内板、外板（重点为门板下部）。
5）所有的车轮罩。
6）行李舱内罩、外罩。
7）其他所有出现空腔的地方。

七、典型汽车的涂装工艺及生产线

1. 力帆汽车涂装生产线（图4-28）

涂装车间全景

涂装车间现场清洁

涂装车间前处理转挂

进入前处理线

前处理中的纯水洗工艺

前处理中的电泳工艺

图4-28 力帆汽车涂装生产线

刚经过电泳浴的白车身

转挂进入漆装流水线

涂密封胶

中涂（车身在此处喷上有色漆）

车身进入中途检测线

中涂检查

车身进入最后一道检查

涂装车间抛光检查

图 4-28　力帆汽车涂装生产线（续）

2. 宝马汽车的涂装工艺（图4-29）

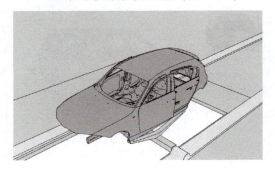

1）从焊接线过来

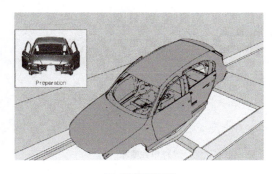

2）准备预处理

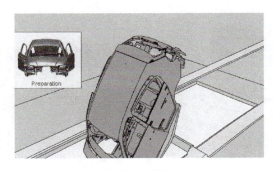

3）进入电泳池

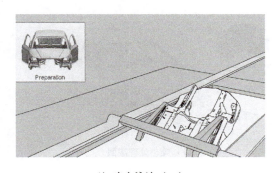

4）出电泳池（一）

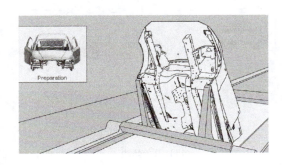

5）出电泳池（二）

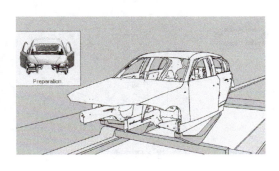

6）出电泳池（三）

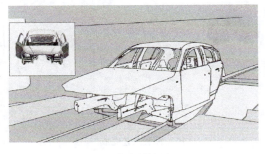

7）完成预处理

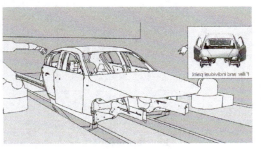

8）清洁

图4-29　宝马汽车涂装工艺

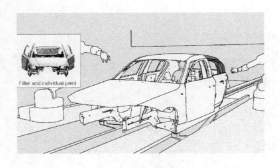

9）单独喷涂

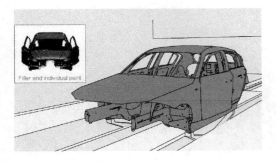

10）喷涂完毕

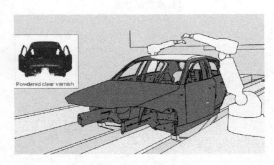

11）喷砂处理漆面

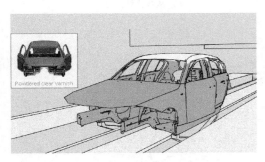

12）完成喷砂

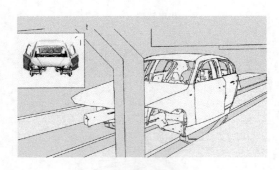

13）进入烤漆线

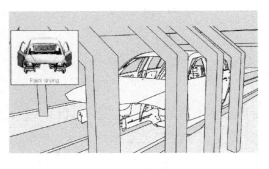

14）开始烤漆

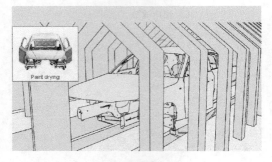

15）烤漆过程

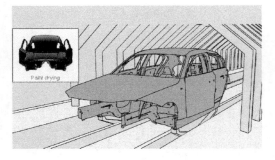

16）涂装工艺完成

图 4-29　宝马汽车涂装工艺（续）

第四节 涂装质量检验与安全

一、汽车涂层的质量检验

涂装工艺的管理决定了涂装效果的优劣,而对汽车涂层的严格质量检查,则能以高品质赢得汽车用户的认可。我们可以采用中央监控系统对整个涂装车间进行实时监控,对进入生产线的工件全程跟踪检测,以保证整个车身的涂装工艺环节顺利进行;但对于微观的汽车涂层质量,则需要人员用各种方法或仪器进行抽样检测(图4-30),开展全面的质量检查,并且对涂层缺陷进行修复处理(图4-31);再次进行检查,如果发现不合格,就要退回车身车间重新操作。

图4-30 人工检查

图4-31 人工修复缺陷

1. 造成涂层质量缺陷的原因

1)涂料质量不合格或者选用不当。
2)材料表面本身处理不当。
3)涂装设备故障以及工具操作方法不正确。
4)外界因素。

2. 喷涂后涂层缺陷的检测方法

(1)湿膜检测 通过目测对喷漆后的车身进行质量检查,例如涂层是否均匀,是否有漆薄、漏喷、灰粒及流挂等缺陷。

(2)干膜检测 通过各种测试仪器(图4-32)对整个涂层进行油漆性能检测,新的测试仪还可以对外观性能进行监测。

漆膜的相关标准:①膜厚的标准:电泳层膜厚为 $20\sim31\mu m$;中涂的单层膜厚为 $20\sim35\mu m$;单色漆的膜厚为 $25\sim31\mu m$;金属漆的膜厚为 $15\sim20\mu m$;清漆膜厚为 $50\mu m$ 左右。②桔皮的标准:水平面为 $R_a6.5\mu m$ 以上;垂直面为 $R_a5.5\mu m$ 以上。

3. 常见的涂层缺陷问题以及现场解决方法

(1)流挂/流淌

现象描述:表现在车身表面的一些垂直表面或者是倾斜度比较大的表面上,出现了油漆流淌的现象，或者出现了局部的油漆凝聚（图4-33）。

德国超声波测厚仪

微型光泽度检测仪

桔皮等表面结构检测仪

涂层附着力性能检测仪

图 4-32　各种测试仪器

产生原因：喷枪中的油漆流量大；漆膜过厚黏度大；喷涂中走枪速度过慢；喷枪离表面距离过近和喷枪本身的故障；使用油漆过程中，溶剂不配套或质量太差；溶剂或者材质的温度过低。

预防措施及修补：掌握规范的喷枪操作。修补时等漆膜固化后，将流淌打磨掉，对于轻微的流挂可用抛光处理，如果流挂现象严重，则要等漆膜磨平后，重新补喷一道面漆。

（2）漏喷

现象描述：在某些应漆部位完全没有漆膜形成的一种病态。

产生原因：操作者工作不细致；漏喷位置不熟悉；喷枪中涂料缺少或者供应不正常。

图 4-33　流淌/流挂

预防措施及修补：提升喷漆工的规范操作标准与工作细致严谨的态度；对于容易漏喷的部位加强自检；检查喷枪涂料及喷射口情况；对漏喷区域进行补喷，并注意过渡。

（3）灰尘/颗粒

现象描述：漆膜干燥后，其整个或局部表面分布着不规则凸起颗粒的现象（图4-34）。

产生原因：底材太粗糙，面漆又太薄；施工环境太差，有灰尘、油污等；涂料储存时发生结皮、絮凝现象；操作者未做好清洁工作。

修补方法及预防措施：加强喷涂前的环境、人员和设备清洁，对涂料进行过滤，喷涂时严格按照涂装工艺参数施工。修补时先让漆膜完全固化，对于轻微的脏粒，可用P1200以上砂纸打磨平，然后抛光；如果杂质颗粒陷得较深，则要将漆膜磨平，然后重新喷涂。

（4）针孔

现象描述：漆膜在涂装后的干燥过程中，由于稀释剂的挥发速度过快，使漆液来不及补充，而产生针孔状小孔或像皮革毛孔一样小孔的现象（图4-35）。

产生原因：涂装后流平时间不足，烘烤时升温过快；涂层过厚或被涂物表面温度过高；稀释剂选用不当，造成漆膜表面干燥过快，底层溶剂不易挥发出；被涂物表面粗糙，腻子层不光滑，未进行封闭就直接喷涂面漆。

预防措施及修补：烘烤前的流平时间一定要保证在工艺范围之内；注意稀释剂的搭配使用；漆膜喷涂的厚度应在工艺范围之内；油漆搅拌后应静置一段时间，待气泡消失后再喷涂；底涂层为腻子层时，一定要进行封闭处理再喷涂面漆。修补时应将漆膜磨至底漆层，填补针孔，重新喷涂漆。

（5）发白

现象描述：在湿度偏高的环境中喷涂自干型涂料时，漆膜在干燥的过程中出现乳白色的模糊外观，导致光泽降低甚至发白的现象（图4-36）。

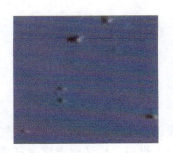 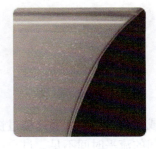 

图4-34 灰尘/颗粒　　　　　图4-35 针孔　　　　　图4-36 发白

产生原因：施工环境湿度太大，稀释剂挥发速度过快；喷涂设备中可能含有水汽或水分；被涂物的温度在施工时低于室温；稀释剂选用不当。

预防措施及修补：尽量避免在高温高湿环境中施工；排清喷涂设备中的水汽或水分；对被涂工件进行适当升温；选用配套的稀释剂。修补过程中，当漆膜轻微发白时，应等漆膜完全干硬后再进行抛光以恢复色泽；当发白较严重时，应对发白区域进行打磨清洁处理后，重新喷涂。

（6）发花

现象描述：复色漆在喷涂过程中或干燥成膜时，漆膜的颜色局部不均匀，出现斑痕、条纹和色相杂乱等现象（图4-37）。

产生原因：所用的溶剂溶解力不强或施工前未对油漆进行充分搅拌；漆膜过厚，上下发生对流、发花而形成六角形的小花纹；喷涂设备未清洗干净；使用单色漆调制复色漆时，使用不同厂家的调色系统，色母混溶性差。

预防措施及修补：选择适当的稀释剂调整黏度至施工工艺范围，施工前对涂料进行充分搅拌；漆膜厚度应符合施工工艺要求，控制好每道漆膜的厚度；每次涂装前应彻底清洗喷涂设备；需调制复色漆时，应选用同一厂家的同一类产品。修补时若已发生发花，则应对缺陷区域做打磨处理并彻底清洁后，再喷涂面漆。

(7) 遮盖力差/覆盖不良

现象描述：因涂料的遮盖力差或喷得太薄，透过漆膜可以看见下层表面的颜色，这种情况常常发生在难以喷漆的区域，例如车身下保护板或尖锐的边角处（图4-38）。

产生原因：喷涂方法不当；油漆混合不均匀或过分稀释；由于研磨、抛光过度，减小了色漆层的厚度，或喷涂层数太少；使用了劣质不良的稀释剂。

预防措施及修补：要特别注意边角区域；使用良好的正确的稀释剂；使用正确的喷涂方法，保证漆膜厚度适当，平整均匀；禁止对漆膜过度抛光。修补时应让漆料略干后重喷或将缺陷区域打磨平，然后重新喷漆。

(8) 桔皮/皱纹

现象描述：漆膜表面呈凹凸不平状，类似桔子皮、柚子皮的外观（图4-39）。

图4-37 发花

图4-38 遮盖力差/覆盖不良

图4-39 桔皮/皱纹

产生原因：稀释剂选用不当或质量太差，挥发速度过快；喷枪距离太远，压缩空气的压力不当，喷嘴调节不当；各漆层间的流平时间不足，过早进入烘房；涂装时温度过高或基底表面温度过高；喷涂过厚或过薄。

预防措施及修补：在高温环境中选用慢干或超慢干稀释剂；采用正确的喷涂方法，调整喷枪口径、施工压力以及喷枪与工件的距离；各漆层间应保证有足够的流平时间。修补时要待桔皮面漆部分完全干固后，视桔皮皱纹的情形，以P1200砂纸或粗蜡将桔皮缺陷打磨平，然后抛光。情况严重时，可将缺陷部位打磨平后，重新喷漆。

(9) 缩孔/鱼眼（弹孔、走珠）

现象描述：漆膜表面出现大量的，大小从针孔到直径1cm的火山口状空洞或凹痕。通常大尺寸的凹痕单独出现，而小尺寸的凹痕则以较小密度成片出现。在凹痕的中心一般可发现有小的杂质颗粒存在，类似鱼眼形状（图4-40）。

产生原因：喷漆环境中或基底表面上存在含硅的有机化合物，即使微量的硅，也足以导致漆膜出现缩孔；其他污染源的污染；底漆中含有不匹配的成分；喷漆室内蒸气饱和。

预防措施及修补：将喷涂表面上的含硅类抛光剂彻底清除掉。禁止在喷漆车间使用含硅类的抛光剂；要保证喷枪以及施工环境洁净。修补时如果鱼眼不多、体积较小，则可抛光清除；情况严重时，应将缺陷区域的漆层彻底清除，处理好基体表面，重新喷漆。在极端情况下，有时还需要在油漆中使用抗鱼眼添加剂（防走珠水）。

（10）咬底

现象描述：上层漆将底层漆的漆膜软化，产生皱纹、膨胀和气泡的现象（图4-41）。

产生原因：底、面涂层不配套；上层漆的稀释剂溶解力太强；底层未干透就涂面漆，底、面涂层间隔时间不合理。

预防措施及修补：选择与底层相同的溶剂作为稀释剂；注意两层之间的施工间隔时间。修补时将缺陷区域的漆膜打磨掉，打磨时要注意不要露出可以引起同样问题的漆膜，将打磨后的表面封闭后，重新喷漆。缺陷特别严重时，则应将漆膜打磨至基底，然后重新喷漆。

（11）剥落

现象描述：由于涂层附着力差，受外力作用产生涂膜成块或整片脱落的现象，通常在取下遮盖用贴边胶带时发生（图4-42）。

图4-40 缩孔/鱼眼　　图4-41 咬底　　图4-42 剥落

产生原因：被涂物表面太光滑，打磨不足；底漆未干就喷面漆，或底漆干固多日后未做进一步清洁处理；静止或烘干时间太短；喷漆时，底材表面温度过高或过低。

预防措施及修补：涂装前应彻底清洁被涂物表面，确保施工面干燥、无污染；选择与底材配套性好的底漆和面漆，底漆干透后再喷面漆；喷涂时要保证被涂物表面温度在施工允许的范围内；在适当时机用胶带粘贴及除去遮盖和胶带。修补时应铲除至裸铁皮，然后重喷。

二、汽车涂装车间管理及安全

涂装生产线的自动化和现代化程度越高，就越要求高素质的员工来加强生产管理与现场管理；同时必须要求健全的管理制度，来保证高的合格率，保证优质高产和降低成本。现代化涂装车间的管理主要涉及涂装、工艺、设备、质量和安全的管理。

1. 工艺管理

工艺管理的目的是严格控制材料质量，防止不合格产品投入生产或监控某些产品采取必要的工艺措施后才能投产应用，以确保生产秩序和涂装质量（图4-43）。

管理过程包括：涂装材料管理，内容有对进厂原材料进行取样检验、做好涂料调研、调配好要用的漆液等；定期或不定期对涂装工艺参数、设备及涂装质量进行抽查，在生产过程中必须按照工艺文件的要求，严格控制涂装各设备、各工序的工艺参数，每次上班前要检查参数，杜绝盲目开机。

2. 设备管理

涂装设备是保证涂装质量的硬件，如果设备的技术状态不良，带病运转，不但会严重影响设备使用性能而影响涂装质量，还会导致设备损坏，造成不可估计的损失。尤其是对于运转的涂装设备，例如输送链、水泵和风机等要注意润滑。对高温的设备，要注意冷却，对带有净化送风系统的喷漆生产线，要注意防尘清理。

要管理好涂装设备，就必须要有健全的规章制度：①关键的设备应备有操作规程；②各台设备应有专人负责，工长、调整工或操作人员、机动维修人员每班都应定期检查设备运转状况并做好记录；③应编制主要关键设备的检修和保养计划，做好定期检修与保养。

图 4-43 井然有序的涂装生产线

3. 质量管理

因为涂装是一个较为复杂的工艺过程，不同材质的工件经过的涂装工序也不同，每道工序都存在着一个质量要求，哪一道工序出现质量问题都可能会连续地影响后道工序的质量，导致最终涂层质量产生问题。尤其是采用手工前处理的涂装工艺，一定要加强质量检查。为了保证涂层质量，在连续的流水生产线上应该设置必要的质检员进行质量把关。要避免过多的返修和废品率，就要明确、清晰每道工序的质量要求，加强现场质检，完善质量管理体系，严格控制产品质量。

4. 安全管理

因涂装车间所使用涂料的特殊性以及对涂装工艺的质量要求，对涂装安全管理更应该重视。

（1）防火　涂装作业的火灾危险性大小与所使用的涂料种类、涂装方法、使用量和涂装场所的条件等有关。虽然涂料开始向水性涂料发展，有效地降低了火灾危险性，但仍有很多易燃性涂料存在，再加上涂装设备的电子控制系统，更会增加发生火灾和爆炸的风险。

（2）防毒　涂装作业场的职业危害呈现多样化发展，因此必须保证工作环境的清洁以及劳动保护物品的供应，以保证工人的健康与安全。根据不同场合使用要求，劳动保护物品主要有供气工防毒面罩、滤筒式防毒面具和防尘口罩。此外，在涂装作业区应穿干净的长袖工作服；戴上合适的不透水手套（如耐油乳胶手套），防止溶剂、底漆和面漆对手的伤害，并应穿着防滑工作鞋。

涂装车间的安全规则：

① 涂装、喷漆工作场地和库房严禁烟火。操作者应熟悉灭火器材的位置和使用方法。

② 工作时应穿戴好防护用品，要保持工作环境的卫生与通风。浸渍、喷漆量较大的连续作业线，必须安装抽风罩和废漆处理装置。

③ 在容器内作业时，必须采取有效通风措施或戴好通风面具。

④ 涂装作业场所 10m 内，不准进行点焊、切割等明火作业。

⑤ 增压箱内的涂装和喷漆所承受的空气压力，应保持稳定不变。

⑥ 调和漆、腻子、硝基漆和乙烯剂等化学配料和化学易燃物品时，应分开存放，密封保存。

⑦ 下班前，应清扫工作场地，存放好工具，废棉纱应放到指定的地方。

习 题

1. 汽车涂装的定义是什么？
2. 汽车涂装的目的是什么？为了提高涂装的防腐蚀性，本章中提及了哪些措施？
3. 描述单、双层油漆的结构？并绘制示意图。
4. 涂装车间如何布局？它的六条基本生产线是什么？
5. 汽车涂料的组成成分是什么？它们在涂料中起着何种作用？
6. 哪些因素会侵蚀到汽车的漆膜？
7. 磷化处理的主要工作流程有哪些？并描述这样安排的目的。
8. 用图示法分析阴极电泳的基本原理，并描述此工艺过程。
9. PVC 喷涂对车身保护起什么作用？
10. 对 PVC 密封与喷涂操作有哪些要求？
11. 为什么涂装工艺中，渐渐要取消中涂工艺？有哪些替代的措施？
12. 面漆涂装有哪些质量要求？
13. 涂装的辅助工艺有哪些？
14. 打磨时如何正确选择砂纸？
15. 抛光打蜡辅助工艺的优点以及操作时的注意事项有哪些？
16. 简述空腔注蜡辅助工艺的过程，并描述有哪些注蜡部位。
17. 汽车涂装设备有哪些新技术？这几种新技术为什么会被推行？
18. 造成汽车涂层缺陷有哪些原因？
19. 涂装工艺结束后，各漆膜应达到的厚度标准是多少？
20. 常见涂层缺陷有哪些形式？简述其现象以及预防修补措施。
21. 涂装车间要考虑到哪些安全注意事项？

第五章 汽车总装

第一节 整车装配工艺装备

随着轿车工业和零部件工业的发展,汽车装配技术水平也有了较大的提高,国内对直接影响汽车产品质量及使用寿命且又是汽车产品生产最后环节的装配及出厂试验日趋重视,从而促进了汽车产品装配、试验工艺及装备技术水平的提高。

通常汽车制造总装生产线由存储区、工件装配区、升降区、检修区、检测区和下线区组成,图 5-1 所示为汽车制造总装生产线示意。机械化生产线系统包括整车装配线(工艺链,由多台电动机驱动)、车身输送线(积放链)、储备线(积放链)、升降机等。汽车装配线,一般是指由输送设备(空中悬挂和地面)和专用设备(如举升、翻转、压装、加热或冷却、检测、螺栓螺母的紧固设备等)构成的有机整体。

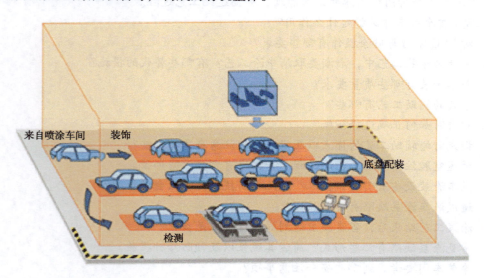

图 5-1 汽车制造总装生产线示意

一、整车装配设备

整车装配所用的主要设备包括:装配线所用输送设备、发动机和前后桥等各大总成上线设备、各种油液加注设备、出厂检测设备以及各种专用装配设备。

1. 输送设备

输送设备主要用于总装配线、各总成分装线以及大总成上线的输送。完成汽车装配生产过程最重要的设备之一是汽车总装线。随着轿车技术的引进，我国汽车总装线所采用的输送设备也由原来的刚性输送发展到现在的柔性输送。

轿车及部分微型车为承载式车身或半承载式车身，根据其装配工艺特点，既有车身内外装配也有车下底盘部件装配，因此轿车总装配线，通常由两类输送机组成，一类是高架空中悬挂式输送机（图5-2），另一类是地面输送机（图5-3）。空中悬挂式输送机主要形式有普通悬挂输送机、积放式悬挂输送机（图5-4）和自行葫芦输送机。地面输送机主要形式有地面板式输送机、地面单链牵引轨道小车式输送系统和滑橇式输送系统。

图5-2　空中悬挂式输送机

图5-3　地面输送机

115

图 5-4　积放式悬挂输送机

2. 大总成上线设备

大总成上线设备是指发动机、前桥、后桥、驾驶室和车轮等总成在分装、组装后送至总装配线并在相应工位上线所采用的输送、吊装设备。车轮上线一般采用普通悬挂输送机和积放式悬挂输送机。发动机、前桥、后桥和驾驶室等大总成上线时，传统的方式是采用单轨电动葫芦或起重机。随着汽车装配的机械化、自动化水平的提高，目前各大总成上线普遍采用自行葫芦输送机（图 5-5）和积放式悬挂输送机，也有少数厂家采用了带有升降装置的电动磁轨小车（AGV）自动上线。自行葫芦输送机的特点是工人操作方便，可实现自动控制，可根据工艺需要，按设定的程序在工位上进行自动停止、自动升降和自动行走等各种动作，并可空中积放储存，节省地面面积，因此被广泛采用。

图 5-5　自行葫芦输送机

3. 各种油液加注设备

随着轿车技术的引进，燃油、润滑油、清洁剂、冷却液、制动液和制冷剂等各种加注设备的水平也有了很大的提高，由过去的手工加注发展到采用设备定量加注，直到自动加注。尤其是在轿车装配中，普遍采用具有抽真空、自动检漏和自动定量加注等功能的加注机，保证了加注的高质量。

4. 出厂检测设备

整车出厂试验的水平也有了较大的提高，由过去采用室外道路试验发展到现在采用室内检测线。出厂检测线一般由前束试验台、侧滑试验台、转向试验台、前照灯检测仪、制动试验台、车速表试验台和排气分析仪等设备组成。

5. 专用装配设备

随着汽车产量的提高和对质量要求的提高，高效专用的装配设备进入装配线。现已广泛应用于整车装配的专用装配设备主要有以下几种：

（1）车架打号机　用于在车架上打车型代号，打号机有液压式和气动式两种形式。图5-6所示为工人正在进行车架打号。

（2）螺纹紧固设备　在汽车产品的装配过程中，螺纹联接占有较大的工作量，螺纹紧固设备由以前普遍使用噪声比较大、精度比较低的冲击式气动扳手，逐渐发展到使用静扭扳手和定扭矩电动扳手。以静扭扳手和定扭矩电动扳手代替冲击式气动扳手是装配工具的一大进步，它减少了噪声对环境的污染，确保了联接质量。

图5-6　车架打号

整车装配最重要的螺栓拧紧部位是车轮螺母和前后桥与钢板弹簧连接用的U形螺栓螺母。车轮螺母采用车轮螺母定扭多头拧紧机，U形螺栓螺母采用定扭四头螺母拧紧机（用于载货汽车），这样能充分保证装配质量并提高生产效率，改善工人的工作环境。对于其他安全件、重要件的螺纹联接以及工艺上有扭矩要求的螺纹联接部位，则采用单头定扭矩气、电动扳手（图5-7）。

（3）车轮装配专用设备　在各总成分装线中，车轮分装线是自动化程度最高的，一般由机动辊道、自动装配机、快速自动充气机和车轮动平衡机等组成。

（4）自动涂胶机　用于风窗玻璃涂胶。

图5-7　单头定扭矩扳手

（5）悬架安装专业设备　用于前后悬架的输送和举升。

先进的装配工艺需要先进的工艺装备，工艺装备的设计制造水平，对保证高效率的生产和产品的高质量至关重要，也是汽车装配技术水平的标志。改革开放以来，随着我国汽车工业的发展，我国从国外引进了大量先进的设备，使汽车工业装备水平有了很大的提高；同时，许多设备制造企业也纷纷引进技术，购买产品生产专利权或通过合资合作生产国内急需的装备，在机械加工、铸造、冲压、焊接和涂装等设备制造方面均取得了一定的进展。但从整体来说，国内的装备制造水平尚不能满足汽车工业发展的需要，几大轿车厂所用设备70%都是引进设备。装配工艺装备与其他工种设备相比，由于其价格低、技术含量高（试验设备），且大多为非标设备，因此设备厂家不重视装配设备的开发，所以装配设备的发展落后于其他设备的发展。

二、装配技术及装配工艺装备的发展趋势

1. 装配技术发展趋势

近年来，随着汽车消费市场需求的个性化和多样化，汽车装配作业也从传统的单一品种、大批量生产向多品种、中小批量生产转化，装配生产的批量性特点趋于复杂，安装零件的品种、数量进一步增多，对零部件的接收、保管和供给，以及装配作业指导等都提出了新的要求。市场的变化，必将使装配生产方式产生新的变革。尤其是进入20世纪90年代以后，由于电子技术、计算机技术和机器人的迅速发展，使汽车装配技术进入一个新的发展阶段。其主要特点如下：机器人在汽车装配中被广泛采用；电子计算机技术在生产管理系统中得到广泛应用；采用柔性装配线。

2. 装配工艺装备发展趋势

整车装配线和零部件装配线向柔性装配线方向发展，以满足多品种生产和自动化装配要求；加注设备向真空式加注设备方向发展；试验检测设备向微机控制、数字化、高精度和自动化方向发展；专用装配设备向高精度、适应性强和自动化方向发展，一台专机应能适应2~3种产品的生产要求，以适应多品种生产的要求；以静扭扳手和定扭矩电动扳手替代冲击式气动扳手是装配工具的发展趋势；一些产量大、零件数量少的零部件装配线趋于采用全自动装配线；将柔性装配线和其上的各种装配专机及检测设备有机地结合一起，由同一厂家设计、制造和安装，即"交钥匙工程"，是以后装配设备制造的发展趋势，这样便于保证设备的制造质量，避免扯皮现象，有利于提高装配工艺装备的整体制造水平，因此，未来汽车装配专用设备生产，应向专业化工厂的生产组织形式发展。

第二节　汽车总装过程

从涂装车间送到汽车总装车间的车身，会先进行一次内饰，接着进入底盘线，然后进入二次内饰，经过完整性检查、检测线、路试、淋雨线和终检线检测，最终成品入库。一次内饰同时进行仪表板分装，底盘线装配同时要进行发动机与变速器分装、前桥分装、后桥分装，二次内饰同时进行车门分装。

汽车总装车间生产基本流程如图5-8所示。

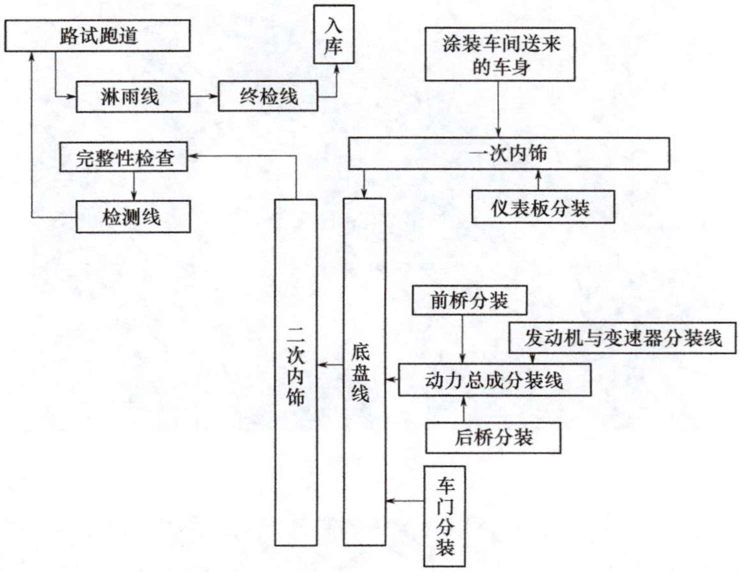

图 5-8　汽车总装车间生产基本流程

1. 一次内饰装配线

一次内饰装配线包括车身打号，安装天窗、线束、ABS、顶棚、地毯、安全气囊、车门支撑板、车门玻璃、密封条、仪表板和散热器等内容。图 5-9 所示为仪表板分装，图 5-10 所示为安装地毯，图 5-11 所示为安装管路线束。

图 5-9　仪表板分装

2. 底盘装配线

底盘装配线包括安装油管、油箱、隔热板、动力总成、后悬架、排气管、挡泥板和轮胎等内容。图 5-12 所示为安装动力总成，图 5-13 所示为车身与动力总成合装，图 5-14 所示为轮胎安装。

图 5-10　安装地毯

图 5-11　安装管路线束

图 5-12　安装动力总成

图 5-13 车身与动力总成合装

图 5-14 轮胎安装

3. 二次内饰装配线

二次内饰装配线包括安装风窗玻璃、座椅、仪表板后段、蓄电池、空气滤清器、备胎、行李舱附件、刮水器，以及进行介质加注（图5-15）、车门调整和线路管路插接理顺等内容。

4. 整车完整性检查

整车完整性检查是对整车零件装配质量进行检查。

5. 整车检测线

在两条检测线上主要完成转向盘校正、车轮前束及外倾值调整、前照灯灯光调整、驾驶人气囊装配、整车侧滑量测量、喇叭声级测试、整车加速减速测试、驻车制动测试、倒车功能测试、尾气排放值测量、安全气囊模块测试、PCM\TCM\ABS\IC 等模块故障检测和变速器油加注量测量等工作。图 5-16 所示为检测线布置示意，图 5-17 所示为检测前释放底盘应力，图 5-18 所示为灯光与四轮定位检测，图 5-19 所示为侧滑测试，图 5-20 所示为制动测试。

图 5-15　介质加注

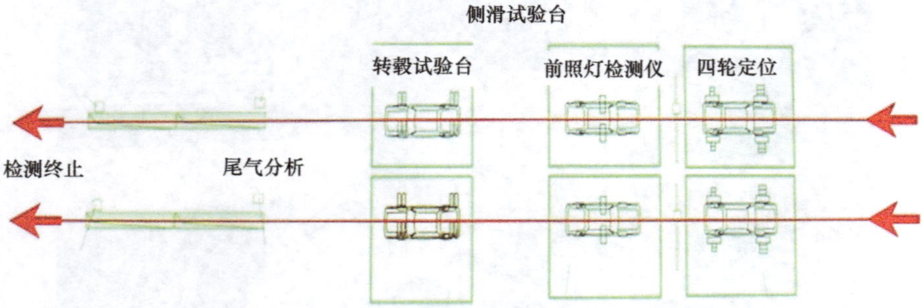

图 5-16　检测线布置示意

图 5-17　检测前释放底盘应力

图 5-18　灯光与四轮定位检测

图 5-19　侧滑测试

6. 路试跑道

路试跑道主要检测车辆的以下功能：空调功能、手动档加减速性能、自动档加减速性能、定速巡航功能、ABS\DSC（动态稳定系统）功能、转向性能、倒车性能、整车异响、制动侧滑、跑偏、驻车制动功能和音响功能等。

图 5-20　制动测试

7. 调整、淋雨线、终检线与交车

调整、淋雨线、终检线与交车主要包括路试后故障返修、整车淋雨检查、漏点返修、车门饰条装配、终检漆面检查、喷蜡、补漆与交车。图 5-21 所示为车辆进入淋雨线。

图 5-21　车辆进入淋雨线

通常汽车总装车间分车身储存工段、底盘装配工段、车门分装输送工段、最终装配工段、动力总成分装、合装工段、前梁分装工段、后桥分装工段、仪表板工段和发动机总装工段等。

图 5-22 所示为宝马汽车总装过程。

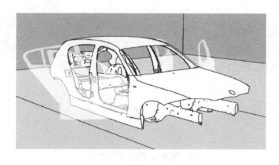

1）车身由涂装线过来后拆卸车门

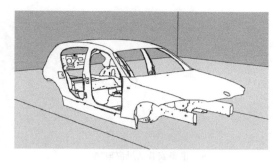

2）拆卸车门后的车身

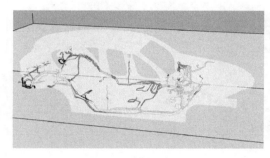

3）安装线束

4）安装油箱

5）安装地板内饰

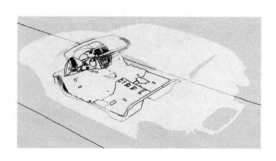

6）安装仪表板

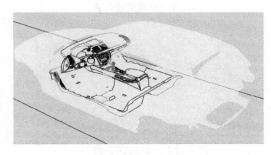

7）安装操纵台

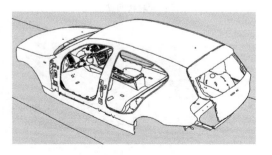

8）内饰安装完毕

图 5-22　宝马汽车总装过程

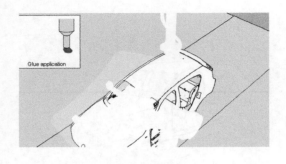
9）准备安装前风窗玻璃

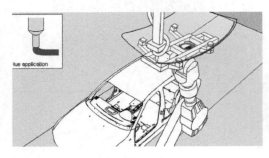
10）风窗玻璃涂密封胶

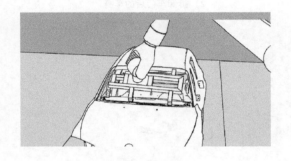
11）风窗玻璃安装到位

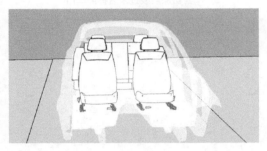
12）安装座椅

13）安装转向盘

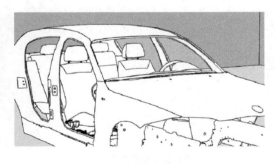
14）车身内部安装完毕

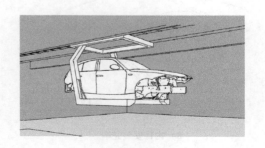
15）进入底盘装配线

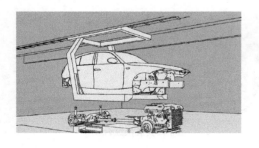
16）底盘到位

图 5-22　宝马

第五章 汽车总装

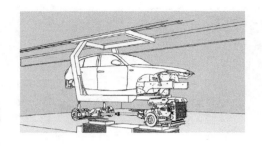

17）升底盘托架

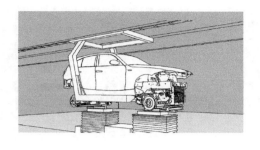

18）底盘与车身定位

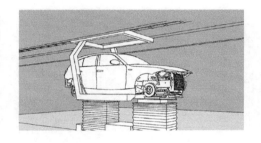

19）底盘与车身安装紧固

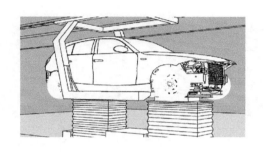

20）准备安装车轮

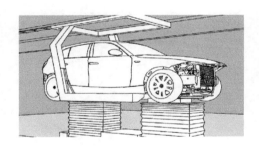

21）完成车轮安装

22）准备安装前后保险杠

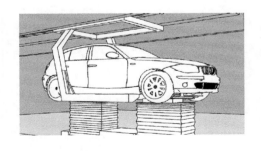

23）完成前后保险杠安装

24）放下吊架

汽车总装过程（续）

25）准备放下底盘托架

26）放下底盘托架

27）进入底盘调试

28）底盘检测调试

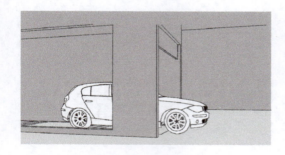
29）完成底盘检测调试

30）完成总装

图 5-22　宝马汽车总装过程（续）

第三节　桑塔纳轿车总装过程

一、门锁装配（图 5-23）

1. 前门锁装配

先安装内扳手薄膜、内扳手和内扳手泡沫块，然后拿起预装好的前门锁，穿过门板、内扳手与长拉杆钩住，将门锁安全杆穿过门板孔，然后再套入海绵块，用定值电动枪把两只内六角头螺钉紧固，紧固力矩值为（20±3）N·m，最后用一只黑夹头夹紧拉杆。

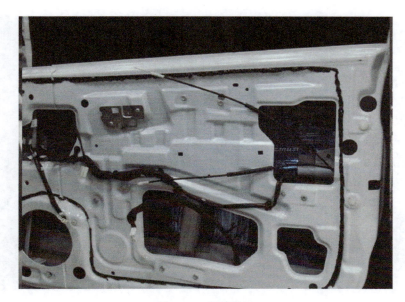

图 5-23 门锁装配

2. 后门锁装配

先套入预装好的后门锁,再装入内扳手薄膜压入内扳手,并装上泡沫块,然后把角度安全杆钩上长拉杆,用销钉安装在车身门板上,角度安全杆套上海绵块,用两只螺钉紧固门锁,紧固力矩值为 (20 ± 3) N·m,最后用白漆刷好。

3. 左右门外把手装配

把前后垫片垫入外把手,用电动枪在侧边和外侧使螺钉紧固外把手,紧固力矩值为 (20 ± 3) N·m,然后装上外把手饰条。

本岗位常见质量问题:门锁损坏,门锁与门板联接螺钉紧固力矩不足,外把手饰条拉毛,装配不到位。

二、左右线束装配(图 5-24)

1. 左线束装配

从烘箱中取出左线束,将它穿过脚踏板,压入橡胶塞,固定在轮罩和纵梁上,然后将左线束穿出横梁用夹头夹紧,然后插入继电器。

2. 右线束装配

从烘箱中取出右线束,拿起右线束穿出加强板及踏板孔压入橡胶圈,拿出右线束的两根分支,穿过左加强板和左线束一起敷设好,将右线束按规定的走向固定在前围和蓄电池支架上。

本岗位常见质量问题:线束的走位不正确,线带、支架和夹头松动,各插接件、护套和线束有损伤。

三、牌照灯线束装配(图 5-25)

将后牌照灯线从行李舱盖的加强板空腔内穿出,按规定的路线排线,塞入软管。

图 5-24 线束装配

图 5-25 牌照灯线束装配

本岗位常见质量问题：电线长短不合适，电线松动、破损，护套不完整。

四、后灯线束装配（图 5-26）

先将尾灯线束的一端放入行李舱内，另一端放在车身内，将车身内的尾灯线按规定的走向敷设好，在中柱和后柱之间用夹头将线束固定在车身的铆钉上，前柱端用夹头将线束压入车身孔内，将行李舱内的尾灯线按规定的走向敷设好，然后用夹头夹紧，将尾灯线的一个分

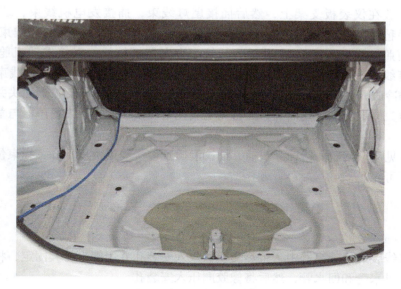

图 5-26　后灯线束装配

支与后风窗加热线插头插好。将牌照灯线与尾灯线对接，用泡沫块包住插头，用胶布胶住，用夹头将此线束固定在行李舱的内侧，再用线带扎在车身板上，用电动枪将搭铁线按规定的位置固定在车身板上。

本岗位常见质量问题：搭铁线螺钉松动，电线长短不合适，电线损坏，护套、接插件不完整，电线过渡处不成直角。

五、中央电器装配（图 5-27）

先将左面的扬声器线束插上插头，敷设在转向机横梁上，将线束从支架内拉出，拉出

图 5-27　中央电器装配

阻风门拉绳，放在仪表板支架上，然后插接尾灯线束，插接发电机线束，装保护板和速度螺母，将毛毡粘贴在支架上，在转向机横梁上穿上电线带，紧固尾灯线束，敷设中央电器，固定前照灯线束，插放 28 孔插头插接中央电器搭铁线，对接发动机舱和中央电器线束，将尾灯线束和发动机舱线束插入中央电器，将热交换器和中央电器线束插接，插阻风门插头，插冷暖开关拉绳，安装中央电器并用螺钉紧固，插接热交换器插头并扎牢加速节气门，踏板插头接烟灰缸灯线插头，插右侧电线扎紧在横梁上，敷设扬声器与蒸发器线束并扎紧。

本岗位常见质量问题：错插、漏插、插头没插到位、线束整理不齐、线束位置不对、中央电器固定不可靠。

六、安装鼓风机、热交换器（图 5-28）

1. 安装热交换器

先将电阻线装入热交换器中，将热交换器放入安装孔并用螺钉将其固定，将双孔橡胶圈涂上干油套入进水管和回水管，然后将橡胶圈压入安装孔。

图 5-28　安装鼓风机、热交换器

2. 安装鼓风机

先将鼓风机放入热交换器并压紧，把电阻器支架用螺钉固定在车身上，然后将电阻器装入支架，最后将电阻器与鼓风机插头插紧。

本岗位常见质量问题：各拨杆及拨杆护套发生扭曲，速度螺母不到位或不紧固，壳体碎裂，电动机风扇转动不灵活。

七、安装副仪表板（图 5-29）

先在中间海绵板上涂凡士林，装上夹头，将仪表板盖总成插入安装位，插上继电器，然后用螺钉固定。将开关饰板装到仪表板上，装上开关盖。

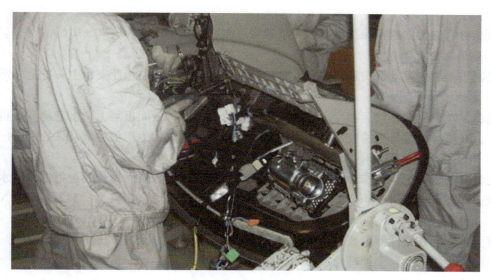

图 5-29　安装副仪表板

本岗位常见质量问题：装配后与踏板相碰有响声，装配不到位。

八、发动机预装（图 5-30）

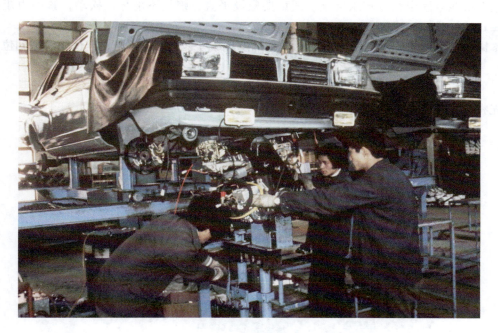

图 5-30　发动机预装

1. 起动电动机线束总成预装

先安装蓄电池线束和发电机线束，敷设好后套上螺栓并拧紧，将起动电动机线束敷设好，插入接线柱并压紧，整理线束且绕好，螺母紧固后不松动，紧固力矩值为 (20 ± 3) N·m。

2. 隔热板预装

用螺母将支架固定在保护盘上，要求紧固可靠，紧固力矩值为（20±0.6）N·m。

3. 安装副车架总成

将副车架放入发动机拼装台，套入定位销，然后安放在左右橡胶支承上，拧上螺母。

4. 发动机中间板安装

先将发动机吊起，然后在发动机上压入两定位销，再将中间板装上，接着将发动机放在副车上，最后拧入螺母到橡胶支承。要求定位销敲到位，紧固力矩值为（40±1.6）N·m。

5. 发动机与变速器连接

先将发动机吊运至工作台，将变速器与发动机花键配合，然后螺栓通过搭铁线和水管总成把变速器与发动机进行固定。紧固螺栓到规定的数值，紧固力矩值为（54±4.32）N·m。

6. 变速器变速杆安装

将变速杆套在变速器总成的操纵杆上，对准方向，并用螺钉紧固连接杆与变速器下端，螺钉紧固后不能松动。变速杆总成紧固力矩值为（25±3.75）N·m。

7. 起动电动机固定

将起动电动机用螺栓固定在变速器上，紧固后螺栓紧固力矩值为（21.6±0.648）N·m。

8. 起动电动机线束固定

用电线夹将起动电动机线束固定在发动机保护盘及中间板上，拧紧螺母，然后用电线将起动电动机线束固定在冷却水管上。线束要敷设平直，螺栓不滑牙、松动，紧固力矩值为（8.8±1.32）N·m。

本岗位常见质量问题：线束敷设不平直，锁紧螺母紧固力矩不足，定位销没敲到位。

九、检验电器（图5-31）

先将电源与汽车上的电缆线的插头接上。

图5-31　检验电器

先检查收音机、警告灯、停车灯、顶灯和前照灯，打开点火开关，检查：刮水器电动机快、慢及间隙档的作用；鼓风机的作用；1、2、3、4挡；转向开关的作用；制动雾灯、夜行灯及牌照灯的作用；风窗加热、驻车制动灯、仪表照明灯及可调节开关的作用。对豪华车要检查收音机的喇叭、电动摇窗及闭锁的作用。

检查倒车灯、收音机前喇叭、蓄电池指示灯和机油警告灯的作用，检查发电机及起动电动机的作用，检查汽车喇叭的作用，检查点烟器及点烟器灯、烟灰盒灯的作用，检查 A/C 开关及空调系统的作用。

对于在检查过程中发现的问题要进行返工。

十、安装摇窗机总成

将摇窗机放入车门内，旋上四只六角头螺栓，把泥槽嵌入车间的框架内，用手压平服，将嵌条压入窗框中，用刷子在三角窗密封条上涂润滑剂，再把三角窗拍到车门上，将车门玻璃放入车门内，然后装直槽，用电动枪将直槽的上端与车门框固定，下端与车门板紧固，再安装前门处密封条，用螺钉将车门玻璃与摇窗机固定，用电动枪紧固摇窗机，装内侧密封条，用工具敲紧，然后调整各密封条并刮平。

摇窗机总成装配要求玻璃不能有划伤，四周密封橡胶平整到位，与车身直槽之间无间隙，玻璃与托槽的尺寸要正确，托槽与摇窗机固定要求紧固力矩在 $6\sim10\text{N}\cdot\text{m}$ 之间，摇窗机要调整到最轻最佳位置，摇到下极限时玻璃不得高于内窗槽条，门的外窗槽条一定要勾住门的翻边，三角窗玻璃与其密封条要对称，不能有开口现象，内槽面不得有划伤和单边现象，门的呢槽角与车门角配合要合适。

此系统为装配和质量检验的重点，应严格按装配的质量要求进行操作。

十一、安装轮胎总成

将轮胎放入轮毂，然后拧上四只车轮螺栓，紧固后用扭力扳手定值，紧固力矩为 $(110\pm10)\text{N}\cdot\text{m}$，并作色标，也可使用电动枪一次对四只车轮螺栓进行紧固定值，然后在车轮着地时拧上传动轴上轮毂的自锁螺母，紧固后用扭力扳手定值，紧固力矩为 $320\text{N}\cdot\text{m}$，并作色标。

轮胎总成装配要求轮胎必须完好，螺栓必须对角线安装，所有的轮胎螺栓及传动轴上的轮毂自锁螺母，紧固力矩必须达到规定的值，且不能漏作色标。

第四节　调　整

总装车间检测、调整仪器及设备主要有：车轮定位调整设备、双轴转鼓实验台、前照灯光束调整仪、怠速调整仪、正时调整仪、废气排放量调整设备和雨淋设备等。本节主要介绍前轮定位和前照灯灯光调整。

1. 前轮定位（图 5-32）

先用转向盘定位支架将转向盘定住，然后调整前轮前束，用扳手松开横拉杆螺母，看表读数到了规定数值后拧紧，紧固螺母紧固力矩值为 $(40+6/-4)\text{N}\cdot\text{m}$，并作色标。紧固螺母紧固力矩值为 $(64\pm5)\text{N}\cdot\text{m}$，然后松开摇臂螺母观察表读数，到规定值后拧紧螺母，定值作色标，然后卸下夹具。

图 5-32　前轮定位

前轮定位调整值：前束角为 $-20°±10°$；外倾角为 $-30°±20°$；左右轮外倾角允许误差 $<15°$。

2. 前照灯灯光调整（图 5-33）

图 5-33　前照灯灯光调整

先将校准仪拉到车前，然后调整前照灯的灯光使在校准仪屏幕上的明暗界限符合要求。

本岗位安全操作、文明生产的注意事项：按规定正确穿戴劳保用品；多人在一台车上装配时，要互相配合、互相关心，避免碰伤、碰痛等事故发生；交接班时，对各种电器工具要经常进行检查，电器工具的接长线要适当；每天工作结束后，要清理场地。

第五节　总装质量检验与安全

汽车的总装配是汽车整车生产的最后环节，如果出现缺陷将直接面对客户投诉，因此总装质量检验是保证汽车出厂质量的重中之重。

一、总装过程中质量检验的主要方法

总装质量检验方法有装配工自检、车间检验、整车动态与静态检验、奥迪特（AUDIT）检验。

AUDIT检验是由经过专业训练的审核员扮演"虚拟用户"的角色，站在用户的立场上，按用户的眼光和要求对已检验合格的产品质量再进行检查和评审，将检查出的质量问题落实责任，分析问题产生的原因，并采取整改措施消除缺陷，逐步提高产品质量的一项活动。通常，每次随机抽取1~5台车辆进行检验。图5-34所示为总装AUDIT检查。

图5-34　总装AUDIT检查

二、装配过程中主要检测项目

1. 油漆检验

油漆检验是在油漆车间和总装车间之间的交接货时进行的油漆外观检验，以确保进入总

装前车身油漆的完好。

2. 原件检验

原件检验是装配过程中对安全性零件、功能性零件以及外观零部件的检验，以确保安装前原件外部完好。

3. 电器性能检验

电器性能检验是电器设备安装完毕后，进行的通电性能测试。

4. 整车检测线检验

整车检测线检验包括四轮定位、前照灯检测、侧滑试验、转毂试验等。

5. 雨淋检验

为检验整车的密封性，将使用雨淋检验。车辆经过淋雨室，然后进行表面水分吹干，接着进行密封性检测。某车型雨淋检验步骤与问题分析见表5-1。

表 5-1　某车型雨淋检验步骤与问题分析

序号	检验顺序	常见问题	发生原因
1	前照灯	前照灯底部积水	前照灯内密封层破损
2	右前门	底部胶条凹槽处积水	门内部防水膜及工艺贴未贴到位
			喇叭橡胶圈未装配到位
			门面差较大，门与胶条间隙大
			门胶条未装配好
			门内板与胶条干涉
		顶棚与A柱护板交接处积水	侧围与顶盖钣金缝未涂胶到位
3	右前围	钣金螺钉有水	焊接不到位，工艺不合理
		前围与墙板焊缝处有水	涂胶不到位
		转向线胶套中间线束处漏水	胶带缠绕不到位
		转向线胶套外圈漏水	装配不到位
			前围与墙板焊缝处涂胶超出胶套位置
			胶套本身一致性差，变形，伸展不到位
			钣金变形
		轮罩与墙板底部位置有水	涂胶不到位
		钣金工艺孔有水	雨水被线束干涉，从翼子板与墙板间隙进入
		前围大面积有水，右墙板与中控连接处有水	风窗玻璃未按压到位
			侧围与顶盖钣金缝未涂胶到位
4	右后门	导轨处有水迹，泥槽处有积水	导轨未装配到位，导轨结构不合理
		底部门槛胶条凹槽处有水	淋雨时门未关严
			门胶条未装配好
			门内部防水膜及工艺贴未贴到位

（续）

序号	检验顺序	常见问题	发生原因
5	行李舱门	铰链螺钉处漏水	胶垫偏小，材质弹性差
			螺钉未紧固
		左右地毯上部，C柱内板下侧有水	两侧上部钣金有缝
		后地板地毯底部有水	胶条未按压到位
			行李舱门止口有间隙，钣金有缝，钣金毛刺
			止口涂胶偏厚，不均匀
			锁孔防水膜、工艺贴未贴好
			尾灯胶套未装配到位
			尾灯螺钉、卡扣、导流板螺钉，行李舱门锁扣螺钉未紧固到位
			通风盖板未装配到位，通风盖板处钣金变形
		胶条底部凹槽处有水	锁扣胶垫未装好，胶条破损
6	后尾灯	尾灯底部积水	尾灯内密封层破损
7	左后门	同右后门	
8	左前门	同右前门	
9	左前围	发动机舱线束胶套、拉线胶套漏水	外圈、内圈漏水原因与转向线胶套相同
		左墙板收音机天线线束处漏水	天线胶垫未安装好
			螺钉未紧固或打滑
		其他与右前围相同	

三、整车检查主要内容

1. 外观检查

外观检查包括车身油漆检查、外饰件检查、间隙配合检查。

（1）车身油漆检查　检查车身油漆表面有无碰伤、划伤、色差、桔皮、流挂、残胶气泡等。

（2）外饰件检查　检查外饰件表面有无划伤、色差、变形、破损等，是否装配到位，有无松动现象。

（3）间隙配合检查　间隙配合检查主要包括发动机舱盖与前照灯间隙、发动机舱盖与翼子板间隙、前照灯与翼子板间隙、前保险杠与前照灯间隙、前保险杠与翼子板间隙、行李舱盖与尾灯间隙、行李舱盖与后保险杠间隙、尾灯与后保险杠间隙的检查，检查这些间隙是否满足间隙面差测量要求。

2. 发动机舱检查

发动机舱检查包括油液检查、管路检查、电路检查。

（1）油液检查　检查机油、防冻液、变速器油、助力转向液等是否达到加注要求。

（2）管路检查　检查各个管路以及连接位置是否有漏液现象、每个零件的安装状态、运动零件周围的每个间隙、每个管路的走向、固定方式是否正确、接口连接角度装配是否正确、是否可靠无泄漏、周边有无尖状物体接触干涉、是否有割伤的风险。

（3）电路检查　检查电路走向是否正确，与周边物体有无干涉，固定是否牢靠，插接件是否插接到位，有无漏插、虚插。

3. 行李舱检查

行李舱检查包括内饰件安装状态检查、随车工具检查、电器零件功能检查等。

（1）内饰件安装状态检查　检查内饰件有无划伤、是否装配到位、与其他零部件的配合情况。

（2）随车工具检查　检查随车工具是否齐全，备胎是否固定，有无松动。

（3）电器零件功能检查　检查电器功能是否正常，外观有无划伤破损。

4. 内饰区检查

内饰区检查包括内饰件安装状态检查、座椅检查、安全带检查、四门内开闭功能检查、密封系统检查。

（1）内饰件安装状态检查　检查内饰件有无划伤、变形、脏污，是否装配到位，与其他零部件的配合情况。

（2）座椅检查　检查座椅是否紧固到位，有无漏紧、松动，前后、高低调节是否正常。

（3）安全带检查　检查安全带外观有无破损，上下调节、收缩是否正常。

（4）四门内开闭功能检查　检查四门外开、内开、儿童锁是否正常。

（5）密封系统检查　检查四门框条、门洞条、泥槽有无破损，是否安装到位。

5. 电器检查

电器检查包括灯光仪表检查、娱乐音响检查、空调检查、天窗检查及四门玻璃升降检查。

（1）灯光仪表检查　检查雾灯、制动灯、倒车灯、日间行车灯、前照灯、转向灯等是否正常，仪表自检是否正常，有无指示灯常亮。

（2）娱乐音响检查　检查电源开关、模式切换、音量调节、360°倒车影像等是否正常。

（3）空调检查　检查鼓风机是否工作、吹风模式是否可以切换、空调是否制冷、后除霜是否工作正常等。

（4）天窗检查　检查天窗开启、关闭是否正常，遮物帘开启关闭是否正常，有无干涉异响等。

（5）四门玻璃升降检查　检查四门玻璃升降是否正常，有无异响，防夹是否正常。

6. 底盘检查

底盘检查包括管路检查、发动机变速器检查、前后悬架检查、油箱检查等。

（1）管路检查　检查管路走向是否正确，有无干涉现象，管路连接有无漏紧、虚插。

（2）发动机变速器检查　检查紧固螺栓有无漏紧，油液有无渗漏。

（3）前后悬架检查　检查与车身连接螺栓是否达到要求，各零部件之间有无干涉。

（4）油箱检查　检查与车身连接是否紧固，油管连接有无松动、干涉。

四、总装检查具体流程

1. 检查随车卡

查看已经记录的缺陷问题，看是否缺页少章，确保随车卡无误后开始检车。

2. 检查车辆后部

1）用手拉动行李舱盖锁插头，看是否有漏插、虚插或漏点漆情况。

2）检查行李舱盖线束 4 个卡扣是否都卡到工艺孔中。

3）检查行李舱密封条是否有划伤或者未插到位情况，然后俯视两颗行李舱盖锁钉是否漏打。

4）检查行李舱左侧流水槽线束是否漏装，搭铁线是否点漆，之后检查行李舱右侧流水槽线束是否漏装，搭铁线是否点漆。

5）查看油箱开启总成是否漏装，用手轻拉油箱开启总成线束检查是否虚插。

3. 检查车辆右侧

1）进入右后门，检查并环视右后门门洞条是否划伤破损。

2）查看 B 柱车门线束接口端子是否卡进工艺孔中。

3）用左手下拉右后顶棚把手，同时用右手下拉右前顶棚把手，检查其是否打牢。

4）用手上下调试 B 柱安全带高度调节器看其是否发卡，之后再迅速拉动安全带，若能卡住则其功能合格。

5）检查安全带是否有 3C 认证标识。

6）目视或用手摸 B 柱上护板装饰盖，看其是否安装正确。

7）用手掀开地毯，俯身检查安全带下螺钉是否点漆。

8）进入右前门，检查天窗右侧平度，标准为前角 -0.5～-1.0mm（天窗低）；后角 0～0.5mm（天窗高）。

9）检查右前门洞条是否划伤破损，是否包住 A 柱上护板。

10）俯身目视或者用手摸 A 柱上护板装饰盖，看其是否安装正确。

11）检查车内右侧仪表蒙皮有无划伤，打开副驾驶侧杂物箱，看是否有收音机说明书，A 柱下方的搭铁线螺钉是否点漆，再检查右 A 柱的车门线束接口端子是否卡到工艺孔中。

4. 检查发动机舱

1）检查高压传感器接插情况，用左手把住高压传感器，右手把住插头，双手反向拉动，如果插头很容易分开，说明插头虚插。

2）检查变速器悬置螺钉是否点漆，ABS 油管是否干涉。

3）检查右翼子板内侧上沿的车身底盘号有无划伤，是否涂抹防锈油。

4）检查仪表总成螺钉是否点漆。

5）检查制动泵是否点漆，同时用手左右拉动制动泵插头看有无虚漏插。

6）最后扫视左纵梁、流水槽、右纵梁处的搭铁线是否都已经紧固，同时用手一一轻拽各个搭铁线看是否有搭铁线螺钉没有到紧固的现象。

5. 检查车身左侧

1）进入左前门，先检查天窗左侧平度，标准为前角 -0.5～-1.0mm（天窗低）；后角 0～0.5mm（天窗高）。

2）检查左前门洞条是否划伤破损，是否包住 A 柱上护板。

3）检查车内左侧仪表蒙皮有无划伤，转向盘护套是否安装到位，有无划伤。

4）右手打开杂物箱，用中指向上摸其下沿，检查杂物箱螺钉是否漏打；侧身看 A 柱上护板顶端和顶棚是否有间隙，下端和仪表蒙皮间隙和平度是否恰当，侧身目视或者用手摸 A 柱上护板饰盖，看是否安装正确。

5）看杂物箱内两张底盘号拓印条码是否漏贴，接着向下检查 A 柱下方的搭铁线螺钉是否点漆。

6）检查加速踏板插头是否压在地毯下。

7）检查左 A 柱的车门线束接口端子是否卡到工艺孔中，仪表盖板是否错、漏装，看其颜色是否与整车内饰相一致。

8）进入左后门，检查左后门门洞条是否划伤破损。

9）检查 B 柱车门线束接口端子是否卡进工艺孔中。

10）用右手下拉左后顶棚把手，同时用左手下拉左前顶棚把手，检查其是否打牢。

11）用右手上下调试左 B 柱安全带高度调节器，看其是否发卡，再用右手迅速拉动安全带，若能卡住则其功能合格。

12）检查安全带是否有 3C 认证标识。

13）目视或用手摸 B 柱上护板装饰盖，看其是否安装正确。

14）掀开地毯，俯身检查安全带下螺钉是否点漆。

6. 检查随车卡相关内容

对本工段能及时修理的及时通知修理；对不能修理的，应在随车卡上记录，并填写返修卡。

五、总装车间安全

总装车间是一个车辆（产品车、运料铲车、电动车）流动量大，易燃物（汽油，轿车泡沫塑料内饰件、电线束）多，有毒液体（冷却液、冷冻液、制动液）多的场所。因此，进入总装车间必须认真学习车间的安全生产操作知识。

1）进车间实习劳动，一定要穿戴好工作服，裤带的金属搭扣、衣服纽扣、钥匙圈不能外露。不能戴戒指、手表劳动，以免将车身表面油漆划破。

2）不能随便进入黄色隔离带。

3）严禁动用车辆。

4）不要随便操纵汽油加注设备、氟利昂加注设备、冷却液加注设备等，因为这些液体都是易燃和有毒的。

5）不能随便动用车间里的检测及调整设备，以免损坏这些设备或影响其精度。

习 题

1. 汽车制造总装生产线由哪些区组成？
2. 整车装配所用的主要设备包括哪些？
3. 汽车总装线分哪几个工段？
4. 总装质量检验分类和检验方法有哪些？

附录　安全标志图片

一、禁止标志

禁止启动　禁止抛物　禁止伸入　禁止倚靠　禁止蹬踏

禁止坐卧　禁止推动　禁止游泳　禁止滑冰　禁止伸出窗外

禁止叉车和厂内机动车通行　禁止开启无线通信设备　禁止携带托运易燃易爆物品　禁止携带托运放射性及碳性物品　禁止携带托运毒物品及有害液体

禁止装有心脏起搏器者靠近　禁止携带武器及仿真武器　禁止携带金属物或手表　禁止植入金属材料者靠近　禁止触摸

禁止饮用

二、警告标志

三、指令标志

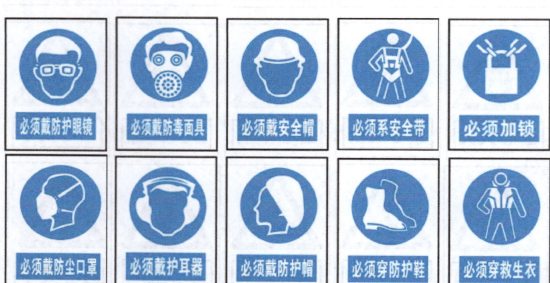

四、提示标志

参考文献

[1] 彭友禄. 焊接工艺 [M]. 北京：人民交通出版社，2002.

[2] 崔令江. 汽车覆盖件冲压成形技术 [M]. 北京：机械工业出版社，2003.

[3] 中国机械工程学会焊接学会. 焊接手册 [M]. 3版. 北京：机械工业出版社，2016.

[4] 全国安全生产标准化技术委员会. 安全标志及其使用导则：GB 2894—2008 [S]. 北京：中国标准出版社，2009.